宏观经济学革命

高连奎 / 著

货币革命的再革命

MACROECONOMIC REVOLUTION

中华工商联合出版社

图书在版编目（CIP）数据

宏观经济学革命：货币革命的再革命/高连奎著.
北京：中华工商联合出版社，2024.8. -- ISBN 978-7
-5158-4028-4

Ⅰ．F820

中国国家版本馆CIP数据核字第20242VN665号

宏观经济学革命：货币革命的再革命

作　　者：	高连奎
出 品 人：	刘　刚
责任编辑：	于建廷　效慧辉
封面设计：	周　源
责任审读：	傅德华
责任印制：	陈德松
出版发行：	中华工商联合出版社有限责任公司
印　　刷：	北京毅峰迅捷印刷有限公司
版　　次：	2024年9月第1版
印　　次：	2024年9月第1次印刷
开　　本：	710mm×1000mm　1/16
字　　数：	260千字
印　　张：	16.75
书　　号：	ISBN 978-7-5158-4028-4
定　　价：	68.00元

服务热线：010-58301130-0（前台）
销售热线：010-58301132（发行部）
　　　　　010-58302977（网络部）
　　　　　010-58302837（馆配部）
　　　　　010-58302813（团购部）
地址邮编：北京市西城区西环广场A座
　　　　　19-20层，100044
http://www.chgslcbs.cn
投稿热线：010-58302907（总编室）
投稿邮箱：1621239583@qq.com

工商联版图书
版权所有　侵权必究

凡本社图书出现印装质量问题，
请与印务部联系。
联系电话：010-58302915

前言
写作背景、核心内容与阅读建议

凯恩斯在1919年的著作《和平的经济后果》中有一句被广泛引用的名言：若要动摇一个国家的社会基础，最精妙、最可靠的办法，莫过于破坏它的货币体系。

然而，由于大多数人对货币理论知之甚少以及现有货币理论体系本身又缺陷巨大，导致不少国家的政府正在有意无意地破坏着国家的货币体系，自己却浑然不知。

人类现存的货币思想体系主要是由维克塞尔、费雪、凯恩斯、弗里德曼四人奠立的，其中弗里德曼的货币思想又居于主导地位。关于现有货币学的缺陷，20世纪五六十年代，经济学家弗里德曼在其《实证经济学方法论》和《货币与经济周期》两篇学术论文中就分别指出过现代货币学存在的两大学术缺陷：一是缺乏动态货币理论研究；一个是缺乏货币变动的传导机制研究，弗里德曼当时表示自己无力进行这方面的研究，而反观近半个世纪已经过去，这些理论仍然没有建立起来，这足以说明当今货币学仍然处于非常不完善的地步。

本书核心内容

笔者主要围绕当代货币理论的缺陷展开，批判与完善了多位大师的理论。在货币利率方面，笔者修正了瑞典学派维克塞尔对货币利率的单边研究，补充了供给侧货币学；在货币数量方面，笔者推翻了弗里德曼的静态货币数量论，建立了动态货币数量论；在货币运行方面，修正了费雪方程，建立了投融资货币方程；在货币利率制定方面，批判了麦金农的利率自由化主张，提出了最优中央银行货币利率理论。笔者在本书中对他们的理论进行了革命性的改造和完善，并且取得了很多成果。在本书中，他们的经济思想并没有完全被遗弃，而是被包含在新的经济思想体系中，成为其中的一个特例而已。

本书不仅批判了三位货币大师的理论，还完善了凯恩斯的经济萧条理论，提出世界上只有两种经济萧条：一种是资本边际效率崩溃式萧条；一种是资本边际收益率崩溃式萧条。前者为凯恩斯所发现，是《就业、利息和货币通论》最核心的内容；后者为笔者所发现，也是本书的核心内容。资本边际收益率崩溃式萧条是由企业家的利润下降造成的。传统的产业性经济危机都属于资本边际收益率崩溃式萧条。资本边际收益率崩溃式萧条是一种新型萧条，是资本的收益率下降导致资本不再进行信贷和投资造成的。这种萧条与传统的经济周期无关，而是货币政策失误造成的。日本萧条就是典型的资本边际收益率崩溃式萧条，目前，随着低利率和量化宽松的频繁实施，这种萧条已经变得十分常见。

笔者的经济思想与凯恩斯的经济思想的区别是：凯恩斯论证了低利率货币政策在经济萧条时是无效的，笔者则指出即使在正常经济时期，低利率货币政策也是无效的。凯恩斯只是从民众理财的角度分析了流动性陷阱，笔者则是从货币政策与信贷类金融机构激励相容的角度解释了流动性陷阱。笔者将"激励相容"的概念引入货币研究，认为低利率货币政策与信贷类机构是激励不相容的，会导致资本边际效率崩溃，从而也会形成"流动性陷阱"。

本书重塑了凯恩斯学派和货币学派各执一词的通胀理论，提出了"内生与外生性通胀理论"，将由于劳动生产率提高导致工资提高而推动的通胀称为内生性通胀，将生产要素短缺和外生货币增加导致的通胀称为外生性通胀。在货币与通胀的关系方面，笔者提出了与弗里德曼货币主义完全不同的创新，提出了"有效货币通胀理论"，指出通胀的高低只与"有效货币"的多少有关，而与发行货币的多少无关。只有运行货币才是有效货币，发行货币与运行货币经常会发生背离，发行货币减少时，也可以因为有效货币增加产生通胀；发行货币增加时，也可以因为有效货币的减少而出现通缩。经过笔者改造的通胀理论，可以解释已知的通胀现象。笔者还特别解释了当经济出现资本边际收益率崩溃式萧条时的外生性通缩问题。

本书提出了货币资本转化理论，指出中央银行发行的货币只有转化为企业和政府的投资资本才是有效的。只有货币转化为资本了，中央银行的货币政策才算取得了成功。货币资本转化比越高，中央银行的货币政策越成功；货币资本转化率越低，中央银行货币政策越失败。因此，"货币资本转化比"这个指标至关重要。存在一个货币资本转化比最高的点，这个点所对应的就是最优中央银行货币利率。

本书弥补了外生货币研究和内生货币研究的分裂，将其融合在了一个框架之中，提出了动态货币数量理论，并以动态货币理论为基础提出了中央银行的货币管理新规则——运行货币总量管理规则，提出中央银行的职责是维持运行货币的总量稳定，并提出了货币补偿和财政补偿的概念。

本书还梳理了政府债务和中央银行利率的关系，发现了政府债务对中央银行利率的压制效应，指出了政府债务与中央银行利率的螺旋关系，警示了"政府高债务–中央银行低利率陷阱"的危害，并通过"中央银行独立性不可能原理"对中央银行进行了提醒。

本书还提出了第四代经济增长理论，指出经济增长靠的是"创新资本"的支持，而创新资本的聚集则受到货币利率政策的影响。如果没有高利率做基础，创新资本就不会聚集，创新就得不到支持，一个国家就很难创新，因此国家之间的竞争表面是创新能力的竞争，背后是"创新资本聚集能力"的竞争，笔者也将其称之为"新型国家竞争力理论"。

本书还提出了货币政策的传导机制，提出了货币流动理论，指出了货币利率变动对各个行业的不同影响。

笔者经济思想的形成过程

对任何一个学者来说，单个思想灵感的迸发可能是一瞬间的事情，但一个思想体系的形成不会是一蹴而就的，而是长期思考、日积月累的结果。本书体现的思想体系是笔者在长达十五年的时间里潜心研究的结果。笔者在2011年就发现了货币政策频繁变动的危害，提出了"恒定利率"的设想；2012年就在对日本经济的观察中发现了"政府债务与中央银行利率"的螺旋现象，同年，在批判弗里德曼货币理论的过程中形成了"内生通胀"的思想；2013年就发现了货币调控的危害，率先提出了"精准调控"的概念；2016年提出的"新财税经济学"中就完整提出了政府债务—中央银行利率—经济政策之间的传导关系；2019年出版的《21世纪经济学通论》就包含了笔者现在的主体思想；2021年又正式提出了第四代经济增长理论；2022年正式提出了动态货币数量论、最优中央银行货币利率理论等；2023年就提出了可以替代费雪方程的投融资方程、无感调控理论、资本边际收益率崩溃理论和货币资本转化理论等；2024年写作本书过程中又完整提出了货币政策的推力思想、有效货币通胀思想、货币政策作用曲线等，至此笔者的货币思想基本完善。在长达十五年的货币思想形成过程中，笔者是一以贯之的，一直沿着一个方向与路线进行研究，当然后面还会对这些思想做进一步完善。

自1969年诺贝尔经济学奖首次颁发以来，至今已经有近百位获奖者，但该奖项近年来评选的大师越来越少，这说明基础理论的突破是很难的。近年来，很多致力于微观方法创新的人开始获奖，也说明新思想的诞生越来越难。回顾诺贝尔经济学奖的历史，在经济学的核心领域——货币和财税领域获奖的人很少，在货币领域只有弗里德曼一人；在财税方面虽有个别获奖者，但也仅仅是微观财税理论的创新。经济学亟须在货币和财税核心领域的突破。货币学是对经济底层根本性运行规律的总结，重要程度要远远高于其他经济学分支。

当前，中国在科技创新方面的重视程度日益提高，但是在社会科学方面，很难得到像自然科学那样的重视，政府虽然提出了构建自主知识体系的要求，但是目前成果仍然乏善可陈。笔者是2005年开始原创经济理论研究的，本书即是这些年原创理论研究的成果，未来或许能够成为中国自主经济学知识体系的组成部分。

本书的意义

一名学者，只有自己最能意识到自己著作的价值。1854年，"边际革命"的先驱经济学家戈森出版了一部名为《人类交换规律与人类行为准则的发展》的著作。戈森非常看重这部著作，认为自己的理论完全可以和哥白尼的发现相提并论。在这部书序言的一开始，他就提到："像哥白尼发现能够确定天体在无限时间中运行的轨道一样，我自信通过我的发现能够为人类准确无误地指明，他们为以最完善的方式实现自己的生活目的所必须能遵循的道路。"然而，这本书在当时并没有引起重视。后来，一位德国学者把书转送给杰文斯后，戈森的理论才被重视，并成为经济学中"边际革命"的先驱。1935年，正在写作《就业、利息和货币通论》的约翰·梅纳德·凯恩斯在给乔治·萧伯纳的一封信中写道："我相信自己正在撰写一本颇具革命性的经济理论的书。我不敢说这本书将会立即改变世界对经济问题的看法，但是在未来十年间，它对经济理论必然产生革命性的影响……在现阶段里，我不能期望你或任何人相信这一点，但我自己对这一点是深信不疑的。"同样，冯·诺依曼在《博弈论与经济行为》的开篇就指出博弈论对经济学的影响,将可与"牛顿发现重力"对物理学的影响相媲美。

与以上几位经济学家一样,笔者对本书的理论也是充满自信的。正如本书书名一样,这将是对现有货币理论的一次革命。它不仅可以更新人类对货币问题的认知,更可以对货币政策的制定产生重大影响。试想,如果中央银行不再频繁地变更货币政策,这将对人类生活产生多大的改变;如果世界各国的企业家不再因为货币紧缩、银行抽贷而担惊受怕,这将有多少企业的生命得到拯救。因此,我坚信本书也将是一本具有伟大意义的著作。

然而,货币学著作阅读起来是非常枯燥的,阅读难度也是非常高的,即便是一些有着"经济学家"名号的学者也会缺乏货币学知识储备,以至于一些知名经济学家都自称读不懂《就业、利息和货币通论》。但是笔者要指出的是,那些读不懂《就业、利息和货币通论》的经济学家恐怕他们读不懂任何一本货币学著作。货币理论和价格理论是完全不同的学科,就像研究牛顿力学的人,读不通电子工程的书籍一样。对于本书,笔者向读者提出几个建议:第一,建议先看红色部分,再看全文;第二,没有必要按顺序看,可以先从自己感兴趣的章节入手,翻到哪里读哪里,最后再将整本书读完,这样就比较轻松;第三,如果实在没有精力阅读全文,也可以只阅读红色重点部分和第一章中笔者对本书提出的概念与理论的总结。

对本书的展望

近一百年前,凯恩斯在其著作《货币论》中写道:"近年来,大多数人对世界货币方式感到不满……我们做得不好,但是我们又不知道如何做得更好。"一百年过去了,人类对货币问题的处境与一百前非常相似。不同的是,当时人们还在为是否放弃金本位而讨论,现在人们早已不再讨论这样的问题。当代人类面临的问题更多是要更深刻地看透货币政策的作用和如何优化货币政策。

面对货币难题，凯恩斯认为从事实务的银行家不应该对此负责。他引用白芝浩的文章解释道："不要指望他们发现这些原则，世界上的抽象思维是永远不可能从那些身居高位的人那里找到的。负责管理这些事务的人通常很少从理论的角度进行思考。"凯恩斯的这种判断也可以从一个现实的事件中得到印证。2011年，时任英国中央银行行长的货币经济学家默文·金访问中国。在钓鱼台国宾馆与中国中央银行的专家聊天时，中国中央银行专家直言不讳地对默文·金说："我并不认为你们已经完全弄懂了货币和银行的运作机制。"当时，默文·金无言以对。不过，默文·金在其2016年出版的《金融炼金术的终结：货币、银行和全球经济的未来》一书中则对此事进行了回应："他不用说，我也知道，中国的同行们同样也没有彻底弄清货币和银行是如何运作的。"从这则经典对话可知，全世界主流国家的中央银行政策制定者也对货币理论持有谨慎、迷茫的态度，而解决这些迷茫也成了我们这些理论家责无旁贷的使命。

希望本书出版后，世界各国的中央银行官员能够对货币运行机制以及货币政策的作用机制认识得更加深刻一些。但根据本书提出的"最优中央银行货币利率理论"，各国中央银行的职权将会大幅削减，他们也许再也不会有以前那么大的影响力和关注度了。

同样本书出版后，也许再也不会有人像弗里德曼一样指责现有货币理论缺乏动态分析和货币变动的传导机制研究了。本书在这方面也填补了研究空白。通过本书的探索，笔者认为我们对货币的理解已经超越了维克塞尔、凯恩斯、费雪、弗里德曼、麦金农和帕廷金等货币学大师。

目录

第一章　经济学家弗里德曼的学术问题

第一节　弗里德曼的两大学术遗憾　003

第二节　弗里德曼批判——弗里德曼货币理论的四大缺陷　006

第三节　本书提出的原创货币学概念与理论概览　008

第二章　货币市场结构与货币资本转化理论

第一节　"中央银行-金融机构-实体经济"的三元货币市场结构模型　019

第二节　凯恩斯、弗里德曼与瑞典学派的关系　022

第三节　"有效货币供给"与货币生产的"两个车间"　024

第四节　"货币资本转化比"是检验中央银行货币政策成功与否的重要指标　026

第三章　供给侧货币学
——利率与货币供给问题分析

第一节　货币供给侧分析：货币流通速度与利率的关系　031

第二节　论货币政策的推力　033

第三节 过高或过低利率都会损害中小企业利益　033
第四节 费雪方程的错误与"投融资货币方程"　034
第五节 货币供给模型与货币供给函数　038

第四章　最优"中央银行货币利率"理论与货币政策的作用曲线

第一节 瑞典学派的理论缺陷和奥地利学派的失败　043
第二节 最优中央银行货币利率理论——寻找黄金利率水平　046
第三节 "功能性货币政策"为何不可行？　048
第四节 "积极中立"的货币政策　049
第五节 货币政策作用曲线　050
第六节 为何有时"越提高利率，经济越活跃"，有时"越降低利率，经济越萧条"？　052
第七节 对麦金农和爱德华·肖的金融抑制和金融深化理论的评价　053
第八节 国民收入的货币流通速度决定理论——论收入是货币流通速度的函数　054

第五章　"干预性市场"的"合意均衡"与"货币流动"理论

第一节 "利率法定"与"干预性市场"理论　059
第二节 "干预性货币市场"的价格形成机制——批发价格决定零售价格　062
第三节 货币流动理论——前人对货币政策的传导机制的探索　064
第四节 利率政策的"指挥棒效应"与货币金融视角下的产业组织理论　066

第六章　高利率的优势：第四代经济增长理论
——创新资本经济学

第一节 人类前三代"经济增长理论"研究综述　073

第二节 第四代经济增长理论——"创新资本"推动技术进步快速向生产力转化的经济学 075

第三节 新型"国家竞争力"理论 076

第四节 "创新资本募集能力"背后的货币政策因素 077

第五节 影响一个国家货币利率高低的背后因素 080

第六节 创新动力学原理——创新资本经济学与熊彼特、鲍莫尔经济创新思想的比较 080

第七章 低利率的危害：论"资本边际收益率崩溃式萧条"
——兼谈"资产负债表衰退"理论的错误

第一节 萧条理论："资本边际效率崩溃式萧条"与"资本边际效率崩溃式萧条"的区分 087

第二节 三句话概括"资本边际收益率崩溃式萧条"下的经济局面——兼论外生性通缩问题 089

第三节 "资本边际收益率崩溃"的深层危害是扭曲了正常的"社会报酬支付结构" 091

第四节 日本经济萧条并非"资产负债表衰退"，也是"资本边际收益率崩溃式萧条" 093

第五节 经济调控一定要分清是"资本边际效率崩溃式萧条"还是"资本边际收益率崩溃式萧条" 095

第六节 "廉价货币政策"为何在大萧条退出历史舞台后又起死回生？ 096

第八章 动态货币数量论
——基于"发行货币"与"运行货币"概念的货币周期研究

第一节 "动态货币数量论"与"货币周期"理论的提出 103

第二节 有效货币通胀理论与"货币数量论"的破产——对"量化宽松悖论"的解释　104

第三节 货币研究中"两种路线"的比较　110

第四节 用"动态货币数量论"解释量化宽松为何效果不佳？　112

第五节 治理经济危机是一个货币补偿、投资补偿双补偿的过程　113

第六节 中央银行的"运行货币总量管理"规则——中央银行如何保持"运行货币总量稳定"？　114

第七节 从"动态货币数量论"看"储蓄率"——一个不必要的指标　117

第八节 政府投资对民间投资没有"挤出效应"，而有"资本创造效应"——兼论民间资本的两大来源　118

第九节 "动态货币数量论"与凯恩斯学派、弗里德曼货币理论的比较　120

第九章　内生性与外生性通胀理论

第一节 经济增长过程中的"内生性通胀"与"外生性通胀"　125

第二节 "内生性通胀"原理与"自然通胀率"　128

第三节 经济过热引起通胀的原理　130

第四节 "通胀−增长定律"——兼论解美国、日本量化宽松暴露出的问题　132

第五节 生活模式升级造成的"通胀感"不同于通胀　133

第十章　货币学派的学术错误与"弗里德曼问题"

第一节 弗里德曼最值得肯定的学术进步——从"货币利率调控"向"货币数量调控"的巨大转变　137

第二节 弗里德曼的五大学术错误　138

第三节 "弗里德曼问题"——为何弗里德曼没有自己的学术代表作？ 143

第四节 弗里德曼的"自然失业率"本质是凯恩斯主义的"充分就业临界点" 146

第十一章 "系统性金融风险"理论

第一节 "金融系统性风险"理论与模型 151

第二节 奥地利学派、理性预期学派和供给学派为何并非宏观经济政策的主流？ 153

第三节 "货币调控"的弊端与"宏观逆淘汰"现象 156

第四节 低利率货币政策失灵的原因 159

第五节 "无感调控"和企业家"无预期"理论 161

第六节 "精准调控"理论 164

第七节 财政政策的更加精准化——"政府投资带动乘数"与"量化财政调控" 168

第八节 产业政策的理论基础：宏观知识理论——政府作用与中国经验 171

第十二章 "政府债务-中央银行利率"螺旋及其危害

——"政府债务-中央银行利率-金融投资-经济创新"之间的传导机制研究

第一节 宏观经济学中的"通论式研究"传统 179

第二节 "政府债务-中央银行利率"螺旋与"中央银行独立不可能性"原理 180

第三节 中央银行利率与金融投资之间的传导关系 182

第四节 金融投资与经济创新之间的传导关系 184

第五节 综述"政府债务–中央银行利率–金融投资–经济创新"传导机制 185

第十三章 哀其不幸,怒其不争的凯恩斯学派

第一节 "凯恩斯学派"之前的宏观经济学与"凯恩斯经济学"的诞生 189

第二节 凯恩斯大战哈耶克的真相 192

第三节 古典经济学与新古典经济学的辨证统一理论 196

第四节 奥地利学派错在哪里? 199

第五节 熊彼特的"企业家精神"是奥地利学派吗? 200

第六节 凯恩斯本人的核心经济学贡献 202

第七节 对"资本边际效率崩溃"的新解释 203

第八节 凯恩斯经济学的问题与不足 204

第九节 萨缪尔森、希克斯等为凯恩斯学派埋下的"新雷" 210

第十节 凯恩斯的《就业、利息和货币通论》是一部逻辑非常清晰的著作 213

第十一节 萨缪尔森本人的问题——"并非通才"的萨缪尔森如何为凯恩斯学派"埋雷"? 214

第十二节 对后凯恩斯学派"现代货币理论(MMT)"的对比与评价 223

第十三节 凯恩斯经济学的道德意义——凯恩斯可能性三角 226

附录1 货币学史梳理 229

附录2 高连奎货币理论创新年表 237

后记 我为何发起宏观经济学革命? 243

第一章

经济学家弗里德曼的学术问题

第一节　弗里德曼的两大学术遗憾

如果说经济学是整个社会科学"皇冠上的明珠"的话，那么货币学则是经济学"皇冠上的明珠"。货币是宏观经济学研究的核心。

当前，人类对货币学的认识主要停留在弗里德曼对货币学的解释上，但弗里德曼的货币经济学却存在很多错误。弗里德曼在性格上是一个攻击性很强的人，在面对面的辩论中他从未输给任何人，但他在学术上却是一个非常谦卑的人，他从没有像其他经济学家那样对自己的理论充满自信，甚至在晚年还承认了自己的学术错误，而且他在自己的论文中也清醒地意识到，有些领域尚未探索，而这些他尚未探索的领域，一旦被人探索出来，他的研究结论也将被推翻。

本书名为"货币革命的再革命"，旨在批判弗里德曼在"货币革命"中的研究成果，其实，弗里德曼的货币理论从来不是什么先进理论，而是一种古老的保守主义理论——货币数量论的再包装。人类一直试图推翻这种理论，曾经的信用创造学派、熊彼特、内生货币学派等都为之奋斗过，但都因为历史的局限性没有完成任务，因为他们都是试图建立一种与货币数量论对立的理论，而不是建立一个更大的框架，将货币数量论统一在这个新的框架之下，而这正是本书的突破。

弗里德曼的第一学术遗憾：没能建立起"动态货币数量论"

谦虚的弗里德曼从没有将其理论称为"终极真理"，在他的论文中也提出过他的两大遗憾，第一个遗憾出现在他1953年发表的《实证经济学方法论》中，弗里德曼在论文中写道："在我看来，目前经济理论最薄弱的，也是最令人不满意的部分在于货币的动态分析。货币的动态分析关注的是经济整体对情况变化的适应过程,以及对总体活动的短期波动问题,在这个领域中,我们甚至还没有一种理论能被适当地称之为现有的动态货币理论。"尽管弗里德曼敏锐地发现了这一点,但是他却没有致力于完成动态货币数量论的构建,而是走向了对静态货币数量论的进一步深化研究。正如他在论文中写的"在静态货币理论中,也还有可以扩展范围和改进现有理论精确性的巨大空间"。后来的事实也证明了弗里德曼就是按他给自己规划的学术路线进行研究的,他后来的学术精力就用在了"静态货币数量论"的完善上。1956年,弗里德曼发表了题为《货币数量论——一种重新表述》的论文就是对"静态货币数量论"的完善。他的研究不仅重新复活了静态货币数量论,也让弗里德曼成为静态货币数量论的忠实代表,这也是我们批判他的原因:经济本身是动态的,静态货币数量论肯定不能解释大部分经济现象。

弗里德曼的这个"学术遗憾"没有出现在他的货币学论文中,而是出现在他的经济学方法论论文中,因此也少有人知道他这个学术遗憾。因为这个学术遗憾提出的时间比较早,笔者称之为"弗里德曼的第一学术遗憾"。笔者在这里将其作为一个学术问题明确提出,主要是想说明,本人的学术研究不仅旨在反对弗里德曼,从另一个侧面也是在完成弗里德曼没有完成的学术任务。

弗里德曼第二学术遗憾:没能研究清"货币变动传导机制"

弗里德曼关于人类缺乏"货币变动传导机制"的遗憾出现在他1963年发表的《货币与经济周期》论文中。在这篇论文中,弗里德曼写道:"无论货币变动与经济变动的关系多么一致,并且无论货币变动的自发性证据多么确凿,除非我们可以详细说明把一者和另一者联系起来的机制,我们将不应该被说服相信货币是经济变动的根源,我们的知识仍然相当贫乏,而不容许我们精确地描述这种机制。"尽管如此，弗里德曼还是进行了一定的探索，他将他的探索称为《货币变动传导机制的初步纲要》。他在论文中谈到，进行这样的探索主要是基于三个方面的原因：一是为实证研究提出一些可信的合理化的说明。在这里，他并没有将他的研究称为"研究成果"，而是谦虚地称为"合理化说明"；二是用周期波动的货币解释经济的周期波动；三是可以激励其他学者致力于此项理论并将其细化完善。

因为弗里德曼的这个学术遗憾提出的时间比较晚，比上一个遗憾晚了近十年的时间，因此笔者称之为"弗里德曼的第二学术遗憾"。之所以指出这个学术遗憾，是因为笔者在本书中也建立了货币变动的传导机制研究，并且取得了研究成果。

弗里德曼两大学术遗憾长期没有解决的原因

弗里德曼的两大学术遗憾，零散地分布在他的学术论文中。这两大学术遗憾既是弗里德曼本人的遗憾，也是弗里德曼指出的人类经济学研究的遗憾。这两大遗憾长期没有得到人们的重视与解决，一个重要原因是大部分经济学者对阅读经济学大师的原著缺乏兴趣，很多人根本就不了解弗里德曼有这两大学术遗憾。不仅弗里德曼的原著没人阅读，经济学家凯恩斯的原著也少有人阅读，比如，凯恩斯的《通往繁荣之路》（2016年，中国人民大学出版社）中英文版间隔长达八十年，直到2008年全球经济危机之后才被出版；弗里德曼的学术代表作《最优货币量》也是处于长期断货状态。人们更加愿意将精力投入到研究一两个月就可以出成果的计量经济学领域，而对研究数年都可能一无所获的基础理论研究则很少有人愿意下功夫，因此，弗里德曼的两大学术遗憾虽然在20世纪五六十年代就已经提出，但是至今没有人将其解决，甚至至今无人知晓。

弗里德曼的两大学术遗憾长期没有得到解决的另一个原因在于货币学研究的难度。货币学是经济学研究中难度最高的部分，大部分自称经济学家的人极少有人敢于说自己是货币学家，因为货币学的研究难度要远远高于其他微观经济学或宏观经济学，货币学研究也很难产生研究成果，因此极少有人将自己的研究领域定位在货币学上，笔者也是经历了长达十几年的不间断思考，才不断构建起相对完善的货币思想体系。

笔者在货币学上最大的贡献之一就是建立起了动态货币数量论，从而从宏观上统一了外生货币理论和内生货币理论，同时在微观上也建立了货币政策传导理论，可以说，弗里德曼的两大学术遗憾在本书中都已经得到解决。然而，笔者这些新理论的建立，代表着弗里德曼的学术理论将被重塑，弗里德曼曾在20世纪60年代掀起货币主义革命，当时他的理论创新被称为"凯恩斯革命的反革命"，如今他的理论也将面临着"被革命"的危险。

当然，笔者进行货币学理论创新的初衷不是为了完成弗里德曼的学术遗憾，相反，笔者是在现实经济研究中发现了弗里德曼货币理论的明显缺陷，然后再进行的理论创新。如果将笔者的学术创新与弗里德曼的"两大遗憾"相对照，就更能凸显笔者理论创新的学术价值。

第二节　弗里德曼批判——弗里德曼货币理论的四大缺陷

弗里德曼的代表作《最优货币量》虽然包含了弗里德曼的不少经典论文，如《货币政策的作用》《货币数量论的重新表述》等，但那些论文的影响主要局限在"学术界"，对于在学术界动摇凯恩斯学派的统治地位发挥了重要作用，但是真正让弗里德曼在政策界产生巨大影响的则是他的《美国货币史》一书。这本书真正导致了人类对货币政策的"再认识"，同时也导致了"货币政策"的起死回生，让货币政策重新回归主流，同时也为后来的量化宽松奠定了基础。

回顾历史，一个成功的学术研究，必须同时具备学术影响力和政策影响力两方面才行，凯恩斯经济学二者皆备。费雪、卢卡斯的经济学则只具备学术影响力，不具备政策影响力，而弗里德曼的研究则一部分具备学术影响力，一部分具备政策影响力，具备学术影响力的主要是他的"自然失业率"研究和货币数量论的重新表述，而具备政策影响力的则是其在《美国货币史》一书中大萧条期间美国货币数量变化的实证研究。

虽然弗里德曼的货币主义研究影响巨大，但笔者仍然认为弗里德曼在货币理论方面仍然存在着四大缺陷。

第一，弗里德曼研究美国货币史，但对利率的理解并不深刻。弗里德曼的《美国货币史》一书中没有对利率的统计，只有对货币数量和存款准备金的统计。因此，他最终回归到了古老的"货币数量论"，而不能对货币进行更深入的研究。但笔者认为，利率是影响经济结构的一个非常重要的经济要素，甚至关系到一个国家的兴衰。关于这一点，笔者在第四代经济增长理论、货币政策的传导理论等中已经详细论述，而对于一个货币学研究者来说，这也是非常重要的研究范畴。

第二，弗里德曼只研究货币，不研究金融。弗里德曼本人对金融机构的运作机制并不了解。其实，金融机构对货币政策的实施是非常重要的，金融机构才是货币政策的执行机构。制定货币政策时，如果不把"金融机构"这个因素考虑在内，货币政策的实施很可能是失败的。在本书中，笔者将指出弗里德曼的货币宽松主张也因为"与金融机构激励不相容"而必然会走向失败，而笔者的货币理论则有很大篇幅是从"货币政策与金融机构激励相容"的角度展开的。

第三，弗里德曼在批判凯恩斯经济学时，指出通胀是因为投资过度造成的，后来却没有从投资的角度认真总结和认识通胀，而是又将通胀归结为货币问题。将通胀归结为货币问题不仅是片面的，而且很多经济现象也无法解释。笔者在通胀理论中，直接将通胀分为"内生性通胀"和"外生性通胀"两种，并指出"内生性通胀"是经济增长过快所致，提出了"内生性通胀是一种经济增长现象"的观点，即使是货币型通胀，笔者也对其进行了辨证研究，提出了"有效货币通胀"理论。

第四，弗里德曼研究货币发行问题，却不研究"货币流通"问题。"货币流通速度"或是"货币周转速度"才是决定市场上需要多少货币的关键因素。如果不考虑货币流通速度，而只关注货币发行规模，本身就是错误的。我们平时观测的货币的总量应该是"运行货币"的数量，而不是"发行货币"的数量。这中间与"货币流通速度"的关系非常重要。因为弗里德曼没有研究利率，没有研究货币变化的传导机制，所以他也无法建立起关于货币流通速度的函数模型。

总之，弗里德曼虽然写了一本厚厚的《美国货币史》，发表了不少关于货币的演化论文，但他研究的仍然是货币的皮毛，并没有深入货币的核心进行研究，也没有将货币学向前推进多少，反而是倒退回了古老而又保守的"货币数量论"，导致"内生货币"研究路线一时的中断，当然，弗里德曼的倒退也为后凯恩斯内生货币学派的建立奠定了基础。固守"货币数量论"的货币学派虽然在经济学历史上留下了浓墨重彩的一笔，却对人类文明的进步没有太多实质贡献，反而造成了不少历史灾难。

第三节　本书提出的原创货币学概念与理论概览

1.有效货币：中央银行发行的货币成功转化为企业或政府的投资资本的那一部分。

2.无效货币：中央银行发行的货币没有转化为政府或企业的投资资本，而是仍然留在金融体系内的那一部分。

3.低效货币：中央银行发行的货币虽然成功转化为企业或政府的投资资本，但是信用创造倍数比较低。

4.高效货币：中央银行发行的货币充分地转化成了政府或企业的投资

资本。

5.有效货币供给不足理论：中央银行发行的货币转化为企业或政府的投资资本比较少，有效货币供给不足也会造成经济萧条和通缩。有效货币供给不足既有需求侧原因，也有供给侧原因。

6.货币生产的第一车间：指的是中央银行，中央银行通过印钞发行货币。

7.货币生产的第二车间：指的是商业银行，商业银行通过信用创造生产货币。

8.发行货币：指的是中央银行生产的货币。

9.运行货币：在经济体中运行的货币。

商业银行负激励：是指中央银行实行与商业银行利率偏好相反的货币政策，具体主要是指低利率货币政策。

10.资本边际收益率崩溃：资本收益率下降到资本不再追求投资收益的情形。

11.资本边际收益率崩溃式萧条：由资本边际效率崩溃导致资本不再积极从事信贷和投资，从而形成整体性的经济萧条。

12.资本边际效率崩溃式萧条：由企业的资本边际效率崩溃导致的整体经济萧条，传统的生产性经济危机往往是企业资本边际效率崩溃造成的。

13.资本边际效率崩溃式通缩：由于资本边际效率崩溃导致有效货币供给减少而形成的通缩。

萧条理论：经济萧条可以分为两种，一种是企业资本边际效率下降导致的萧条；一种是资本边际收益率下降导致的萧条。前者为自然原因，后者为人为原因。

14.投融资货币方程：基础货币数量×货币流通速度=投融资货币数量，建立基础是现代货币更多充当投融资货币，而非只是用于商品交易，现代货币进入银行体系就转变为投融资货币。

15. 无感调控：在企业和民众毫无感觉的情况下对经济调控，这种调控不会对民众和企业造成任何痛苦。

16. 惩罚式调控：以给企业和民众造成痛苦的方式达到调控的目的，货币紧缩就是典型的惩罚式调控。

17. 动态货币数量论：以动态的视角看待货币数量的一种货币理论。动态货币数量论衡量的是"运行货币"的数量，而非"发行货币"的数量。动态货币数量论主张将运行货币数量作为宏观调控的主要指标。

18. 货币周期：货币运行过程中也存在一个像经济周期一样的周期，主要表现为经济繁荣时运行货币数量增加，经济萧条时运行货币数量下降。

19. 货币补偿：主要针对经济萧条时期运行货币数量下降的情况进行货币补充。

20. 运行货币总量管理规则：依据动态货币数量论提出的货币管理规则，主张保持运行货币的总量稳定，主要是通过投资补偿、货币补偿和制定合理的利率政策等方式达到运行货币总量稳定的目的。

21. 内生性与外生性通胀理论：将通胀分为内生性和外生性通胀两种，内生性通胀是由劳动生产率提高导致的工资提高而产生的通胀，外生性通胀是由生产要素短缺或外生货币因素导致的通胀。

22. 有效货币通胀理论：通胀与通缩并不取决于发行货币的数量，而是取决于"有效货币"的供给数量。发行货币数量与有效货币数量的增减情况并不一致，有时也会出现背离。在发行货币数量增加的情况下，有效货币也可能下降；在发行货币数量减少的情况下，有效货币数量也可能增加。因此，用有效货币数量来衡量通胀才准确。有效货币数量增加时，经济会通胀；有效货币减少时，经济会通缩。

23. 外生性通缩：分为两种情况：一种是故意少发行货币，这种情况比较少见；一种是实行低于自然利率的货币利率政策导致货币流通速度降低而引起的通缩。日本通缩就是典型的外生性通缩。

24.第四代经济增长理论：第四代经济增长理论也称为创新资本经济学，主要强调"创新资本"在经济创新与增长中的作用。一个国家"创新资本"的聚集能力和聚集数量越多，这个国家的创新能力越强，经济增长越好，反之，经济发展就越差。决定一个国家创新资本聚集能力的是国家的货币利率政策。

25.新型国家间竞争力理论：国家之间的竞争主要是创新资本总量的竞争，如果一个国家的创新资本总量被其他国家超越，这个国家的经济也将很快被其他国家超越。新型国家间竞争力理论主张一个国家必须保持创新资本总量上的领先。

26."货币资本转化比"指标：这是衡量中央银行发行的货币向投资资本转化程度的指标。货币资本转化比＝社会融资规模/基础货币数量。

27.货币资本转化理论：主要研究货币与投资资本相互转化的理论。一个国家的货币资本转化程度是衡量中央银行货币政策是否成功的标准之一。在一定范围内，国家应该尽可能地提高货币向资本的转化。

28.反向用力经济政策：主要指不能促进经济增长的政策，这类政策用力越大，经济反而增长越差。

29.政府支出的资本创造效应：政府通过贷款进行投资支出的资金可以成为企业的投资资本金，我们称之为政府支出的货币创造效应。政府贷款对企业贷款没有挤出效应，因为商业银行信用创造的极限足够大，而且政府支出比较大的时候，往往是企业信用创造能力不足的时候。

30.学术干扰：在不切实际的前提假设基础上得出的研究结论，这类理论会干扰人们对世界的正确认知。

31.自然通胀率：自然通胀率也就是内生通胀率，是指由劳动生产率提高引起工资升高推动的通货膨胀。

32.货币政策的推力：货币的推力是通过提高货币利率加速货币流动，提高企业投融资效率实现的；货币政策的推力是在高货币利率的激励下由信贷类金融机构实现的。

33.弗里德曼问题：弗里德曼在面对经济萧条、通胀和经济正常时期分别提出了不同的学术主张，这些主张常常相互矛盾，在现实中难以把握，最终其目标也难以实现。

34.金融系统性风险模型：金融系统性风险＝货币调控 × 金融产品嵌套

35.利率偏好理论：指的是不同的市场主体对利率高低存在不同的偏好。企业与信贷类金融机构的利率偏好正好相反：企业偏好低利率，而信贷类金融机构偏好高利率。

36.最优中央银行货币利率理论：只有一个位于中间的中央银行利率才可以兼顾到货币供给侧与需求侧的利益，才可以保障有效货币供给的最大化，这个利率就是最优中央银行货币利率。中央银行的利率政策一旦偏离了最优利率，就会导致有效货币供给的降低。中央银行利率偏离最优利率越远，有效货币供给降低的就越多，经济发展也就越差。

37.货币政策的作用曲线：不同的中央银行货币利率政策对有效货币供给的影响不同。货币政策的作用曲线描述的是不同利率水平下有效货币供给变动情况的曲线。

38.政府债务-中央银行利率螺旋：中央银行实行低利率可以促进政府高负债，而政府高负债会导致中央银行很难提高利率，政府债务和中央银行利率之间会形成一个螺旋关系。螺旋关系是单向的，只能朝着政府债务越来越高，中央银行利率越来越低的方面发展。

39.政府债务对中央银行利率的"压制效应"：当政府债务高到一定程度时，中央银行就不能随意提高利率。因为中央银行提高利率就会导致政府债务利息大幅增加，有引发政府债务崩盘的风险。与此同时，中央银行政策制定者也会受到来自财政部门的政策压力，因此政府债务会对中央银行利率政策的实施产生有形和无形的压制。

40.政府高债务-中央银行低利率陷阱：当政府债务高到一定程度时，

中央银行只能实行低利率或零利率,这既是一种政策陷阱,也是一种经济陷阱。"政府高债务-中央银行低利率陷阱"的危害是通过政府高债务和中央银行低利率两方面产生的。

41.中央银行利率的债务锁定:指的是中央银行因为政府债务太高而不能再提高利率的情形。中央银行利率会被政府债务锁定在极低利率或零利率状态。

42.中央银行独立不可能性原理:中央银行虽然表面上享有制定货币政策的自由,但是这种自由面临来自政府债务的压制。因为中央银行无法控制政府债务,所以中央银行最终也将不能自由地调节利率。因为在政府高债务的情况下,中央银行加息可能会引爆政府债务,所以中央银行的独立性最终是难以维持的。

43.积极中立的货币政策:在制定货币政策时,中央银行既不站在企业一方,也不站在信贷类金融机构一方,而是持中立态度。中央银行的职责就是找到一个最优中央银行货币利率,并将市场利率引导到可以达到有效货币供给最大化的利率水平上。

44.经济增长的存量贡献因素:只对保持经济总量不下降有作用的经济因素,比如消费和部分不具备创新能力的中小企业。

45.经济增长的增量贡献因素:可以对促进经济增长有作用的经济因素,比如投资和创新型企业。

46.发行货币与运行货币的背离现象:发行货币增加时,运行货币可能是减少的;发行货币减少时,运行货币也可能是增加的。这个现象我们称之为发行货币与运行货币的背离。发行货币与运行货币的背离属于正常经济现象,背后受到货币政策的影响。

47.弗里德曼第一学术遗憾:指的是弗里德曼认为人类缺乏对动态货币数量理论的研究,出自弗里德曼的《实证经济学方法论》一文。

48.弗里德曼第二学术遗憾:指的是弗里德曼认为人类缺乏对货币变动

传导机制的研究，出自弗里德曼的《货币与经济周期》一文。

49.高利率激励效应：在中央银行实行高利率时，"高利差"会导致信贷类金融机构更加积极地开拓信贷业务，并放松风控，从而导致社会信贷总量的增长。

50.资本报酬结构扭曲：人为将货币利率压低到自然利率以下，让资本不能得到应有的报酬，导致资本缺乏服务实体经济的动力。资本报酬过高也是扭曲，会造成实体企业杠杆率上升，过度冒险。

51.货币政策失灵：低利率货币政策因为与信贷类金融机构的利益相冲突，容易出现激励失灵，从而导致货币政策失效。

52.货币政策的激励相容理论：中央银行在制定货币政策时，必须考虑金融机构的利益，必须与金融机构实现激励相容，否则货币政策将难以发挥理想效果。

53.货币市场的机制设计理论：通过最优中央银行货币利率制定，保障货币市场供需双方利益最大化，保障有效货币供给的最大化。

54.干预性市场理论：很多市场并非自由的，而是有政府干预的，比如货币市场就是典型政府干预性市场。政府干预性市场有着与自由市场不同的运行规律。

55.合意均衡理论：政策制定者通过对市场的干预达到一种想要的均衡。这种合意均衡可以是低价格，也可以是高供给。

56.均衡优化或均衡改进：均衡优化理论认为，自由市场下形成的均衡并非全是最优的，市场均衡存在被改进或被优化的空间。政府可以通过供需或价格干预让市场从低水平均衡向高水平均衡改进，让均衡更加符合经济效率或社会公平等人类设定的目标。

57.均衡劣化：在市场势力不均等的情况下，比较强的市场势力过度侵犯另一方的利益。

58.利率引导：中央银行利用宏观货币利率政策对金融市场的微观利率

进行引导，以达到市场利率处于最优利率状态。

59.企业家"无预期"状态：是指企业家对政府宏观经济政策变动不做任何预期的状态。"无预期"与适应性预期、理性预期相对应，是企业家面对经济变动时一种独立的预期状态，也是更符合经济现实的预期状态，是制定宏观经济政策的基础前提。

60.精准调控理论：是指运用货币政策除外的财政政策、产业政策和行政政策对具体的经济问题进行辨证调控。精准调控理论是建立在对经济通胀理论和经济周期理论的创新之上的。

61.货币到资本"惊险的一跃"：货币只有转化为资本才对经济增长有贡献。货币并不能天然地转化为资本，货币向资本的转化也是货币运行过程中"惊险的一跃"。这与商品市场中商品向资本的转化是一样的。

62.政府干预经济学的道德意义：国家的功能是止恶，而止恶必须止贫。政府干预经济学就是从减轻贫困的角度改善民众的道德，从而达到国家在止恶上的功能。

63.货币利率扭曲指数：货币利率偏离最优中央银行货币利率的程度。

64.资本边际效率崩溃的解释：初代产品需求与换代产品需求的巨大差额是导致产能过剩和资本边际效率崩溃的绝大原因。有效需求不足是对的，但其原因并非三大心理定理，而是由初代需求向换代需求过渡时的需求骤减。

65.凯恩斯可能三角：只有实行凯恩斯主义，才可以实行社会正义、经济效率和个人自由的最大程度的统一，三者单独推崇任何一者都是对社会的巨大伤害。

第二章

货币市场结构与货币资本转化理论

第一节 "中央银行-金融机构-实体经济"的三元货币市场结构模型

弗里德曼之所以盲目相信货币的神奇力量，是因为他将货币市场想象得过于简单，也没有搞清货币政策的传导机制。不仅弗里德曼如此，许多国家的中央银行也是这样，比如当经济萧条来临时，"降息"几乎成为各国中央银行的习惯性动作。这样的政策在"中央银行—实体经济"这样的二元简化模型中是有效的。但现实并非如此。在现实中，横亘在中央银行和实体经济之间的是信贷类金融机构。中央银行释放的货币并不能直接进入实体经济，必须经由信贷类金融机构作为中介才可以输送到实体经济中。而在"中央银行—实体经济"二元简化模型中，金融机构是不被考虑在内的。信贷类金融机构被看作是没有生命、没有性格的物理管道，但现实却不是这样。

诸如明斯基等学者注意到了"货币理论模型缺乏金融机构"的缺陷，但他们也并没有构建出相应的模型，而是转向了对金融机构的研究，比如明斯基的核心成果——"金融不稳定学说"则更多的是对金融机构的研究。明斯基构建的是企业与金融机构之间的二元金融模型，研究的是企业"投机性贷款"和"庞氏贷款"对金融危机"成因"的影响。我们在本书中首次将"信贷类金融机构"纳入货币理论模型，构建了"中央银行-金融机构-实体经济"三元货币市场结构模型，并以此模型为基础，对现代货币理论进行完善。而我们一旦将"信贷类金融机构"引入货币市场研究，以前的很多固有认识都会被推翻。

传统货币理论默认市场为"中央银行-实体经济"二元货币市场结构，始于瑞典学派的"累积过程理论"。累积过程理论是凯恩斯经济学诞生之前经济学界最火的理论之一，在凯恩斯之后仍然影响很大，至今仍然占据重要地位，是嵌入很多国家中央银行大脑内部的理论。他们的经济理论认为当市场利率低于自然利率时，企业就会趁着低利率扩张，经济向上累积成繁荣；当市场利率高于自然利率时，市场就会向下累积形成萧条。我们需要追问的是，中央银行的钱可以直接放贷给企业吗？"发行货币"就一定会转化为"运行货币"吗？其实"发行货币"与"运行货币"是两码事。"发行货币"向"运行货币"转化的过程是信贷类金融机构在起作用。"发行货币"只有转为"运行货币"才会形成"有效货币供给"，只有"有效货币供给"才是对经济增长有意义的。如果货币发行出来，只停留在金融机构中，或是停留在老百姓的口袋中，这样的货币供给，我们称为"无效货币供给"。一个国家的货币供给最终会形成"有效货币供给"还是形成"无效货币供给"取决于信贷类金融机构能否发挥作用，而且这两种货币供给情况在现实中都是可能出现的。

客观上说，"无效货币供给"是比较少的，"货币窖藏"并不多见。金融体系的货币即使信用创造不活跃的时候也是存在的。"有效货币供给"更多是表现为"低效货币供给"与"高效货币供给"两种情况。低效货币供给是指中央银行发行的货币较少地转化为政府和企业的投资资本；高效货币供给是指政府发行的货币较多地转化为政府和企业的投资资本。

如果我们简单地认为"中央银行只要把货币发出来，就可以直接进入实体经济"，会进入一个彻头彻尾的思维误区。信贷类金融机构不会盲目充当货币流通的"管道"。在市场经济条件下，信贷类金融机构在做业务时会有自己的利益考虑。当中央银行的货币政策符合他们的利益时，他们就与中央银行相向而行；当中央银行的货币政策不符合他们的利益时，他们就可能与中央银行背道而驰。"发行货币"最终会转化为多少"运行货币"，信贷类金融机构起到关键作用。在制定货币政策时，如果我们忽略了信贷类金融机构的利益，货币政策的效果可能会适得其反。

量化宽松是比较流行的货币政策，但其效果并不理想，关键就在于量化宽松导致的低利率是与信贷类金融机构"激励不相容"的。信贷类金融机构无利可图，他们输送货币的积极性就会很低，这会导致实体企业仍然无钱可用。在这种情况下，中央银行增发的货币更多地进入股票、期货、金融衍生品等投机性金融市场，当然也有大量的货币通过国际资本市场流入利率更高的国家。因为在开放条件下，国际资本流动是不可避免的，而货币流入国为了抑制通胀或资本市场泡沫，往往会采取紧缩货币提高利率的措施，这反而又进一步增大了货币利差，继而会导致实行量化宽松的国家和地区更大程度上的货币外流。

因此，我们主张建立"中央银行–信贷金融机构–实体经济"的三元货币市场结构模型。在该模型下，很多经济问题我们会看得更清楚，也更容易了解量化宽松货币政策的不良后果。

货币政策与信贷类金融机构之间之所以会出现"激励相容"的问题，第一，是因为金融机构没有自己的资金，资金都来自于社会募集，而利率越低越不利于金融机构募集资金。尽管中央银行释放了不少货币，但市场上的资金流动性还是很差，会掉入凯恩斯所谓的"流动性陷阱"；第二，金融机构也会考虑自身利益，利率对信贷类金融机构至关重要。信贷类金融机构是根据利差赚取利润的。利率越低，利差越小，利润越低。高利率环境才会造就信贷金融业的发达；第三，金融机构是需要利润去覆盖风险的。低利率环境下，信贷类金融机构没有足够的利率空间，也无法覆盖风险，这会加大"风控"的严格程度。利率越低，利差越低，风控越严，实体经济得到的信贷越少。总之，信贷类金融机构是资金到达实体经济的"中间商"，想甩开"中间商"做生意，生意是很难做成的。"甩开中间商做生意"并不符合市场经济的"分工效率"原理。

其实这一现象也可以用萨缪尔森提出的"合成谬误"理论来解释。当一个企业获得相对较低的贷款利率时，这个企业可以快速扩张，但是如果整个市场的利率都很低，那就没有人愿意做贷款业务，这就是一种"合成谬误"。我们不能将在微观经济领域有效的理论盲目套用到宏观经济领域。

拯救经济危机时，我们需要先拯救信贷类金融机构。金融机构被拯救了，资金才可以输送到实体经济。当年，美国总统罗斯福就是通过"拯救金融机构"开启其新政的。美国的量化宽松政策先摧毁了华尔街，后摧毁了硅谷，金融与科技这两大"立国之本"被摧毁之后，美国经济创新也会衰落，随着美国重新进入加息周期，其经济又走出颓势。

在经济学历史上，货币学派、瑞典学派以及奥地利学派等都存在共同的错误：他们没有发现货币政策与信贷类金融机构的激励相容问题，也没有将信贷类金融机构纳入货币理论模型。瑞典学派构建的"自然利率–市场利率"模型，本质上就是只站在企业货币需求一侧的单边分析，完全没有考虑到信贷类金融机构作为货币供给机构的利益。

第二节　凯恩斯、弗里德曼与瑞典学派的关系

凯恩斯在写作《货币论》时是信奉瑞典学派的，但他在写作《就业、利息和货币通论》时发现：经济萧条时会因为企业家的"资本边际效率崩溃"和民众"灵活偏好"两方面作用，货币政策根本无法发挥作用。凯恩斯从此与瑞典学派决裂。

但凯恩斯在其著作中并没有完全否定货币政策的有效性，只是否定了其在经济危机时期的有效性，比如凯恩斯在第四篇"投资引诱"中主要是肯定低利率对促进投资的作用，但在第十三章和第二十二章则更多地讲经济危机时代降低利率的无效性。

凯恩斯在《就业、利息和货币通论》第十三章利率通论中写道："货币是一种饮料，可以刺激经济体系，促进其活动。但我们要记得，在这种饮料发生作用之前，在杯子和嘴唇之间还有一段距离。增加货币可以降低利

率，但如果公众的灵活偏好比货币数量增加得更快，利率就不会降低；如果资本的边际效率比利率下降得更快，那么投资量也不会增加。"从这段话来分析，凯恩斯一直认为低利率是好事，但是在经济危机时期发行货币并不一定起到降低利率的目的，而且资本边际效率的降低也会导致低利率的好处大打折扣。

凯恩斯在《就业、利息和货币通论》第二十二章写道："降低利率会有帮助，而且是经济复苏的必要条件，但在目前，资本的边际效率可能崩溃到一定程度，以至于在实际可行范围内，利率无论怎么降低都不能使经济复苏。如果仅仅降低利率就已经是有效的补救方法，那么复苏的方法已经在金融当局的直接控制之下，然而实际上并非如此。使资本的边际效率复苏并不是一件容易的事，而且决定资本边际效率的，是不受控制、无法管理的市场心理。"因此，凯恩斯在第十章讲述"乘数"理论和第二十二章讲述"降低失业率的方法"时，都提出了加大投资的主张。

总之，凯恩斯并没有否定瑞典学派理论的正确性，只是对其在经济危机时期的适用性提出了质疑。与凯恩斯不同的是，笔者从民众理财和金融机构激励两个角度否定了低利率货币政策。笔者认为，低利率货币政策无论在经济危机时期还是正常经济时期都是无效的。

弗里德曼的货币政策主张虽然不是基于瑞典学派的"自然利率-市场利率"模型，而是利用"实证统计"得出的结论，但他默认的也是与瑞典学派一样的模型。弗里德曼并没有像凯恩斯和哈耶克那样经历过经典货币理论的学习与训练，他在《美国货币史》中指出了大萧条期间美国货币下降三分之一的事实，也因此得出了经济危机时应该宽松货币的主张。

弗里德曼构建自己的货币理论更多是基于芝加哥学派的传统主张和自己在国家经济研究局的一些项目实践。在研究方法上，弗里德曼分别借鉴了凯恩斯和美国制度学派的方法，比如弗里德曼构建货币需求函数借鉴的是凯恩斯的研究方法；弗里德曼对货币进行统计研究，这是典型的美国制度学派的研究方法，而且弗里德曼的多数核心研究成果也是在美国制度学派领军人物米契尔创立的国家经济研究局的项目实践中取得的。

因为弗里德曼长期任教于芝加哥大学，所以弗里德曼经常被归入芝加哥学派。但弗里德曼的博士学位是在哥伦比亚大学取得的，哥伦比亚大学是美国制度学派的大本营，米切尔、小克拉克当时都在哥伦比亚大学任教，弗里德曼从他们那里学会了制度学派的研究方法，并在美国国家经济研究局进行了长期实践，因此，弗里德曼严格来说属于哥伦比亚学派。

第三节 "有效货币供给"与货币生产的"两个车间"

弗里德曼以及各国中央银行常见的错误就是将"外生货币供给"当成"有效货币供给"。

其实，货币生产存在"两个车间"："第一车间"是中央银行的印钞厂，这个车间生产真实的货币；"第二车间"是商业银行，这个车间生产的是"信用货币"，主要通过企业的贷款转存款的行为生产货币。"第二车间"才是货币生产的主力，其货币生产能力往往是"第一车间"的几倍。"第一车间"生产的货币凯恩斯称其为"国家货币"；"第二车间"生产的货币凯恩斯称其为"银行货币"。

市场上"有效货币供给"的多少，并不仅仅取决于增加了多少"发行货币"（"第一车间"生产的货币）。"发行货币"只有流动起来才可以变为"运行货币"（"第二车间"生产的货币），才可以增加"有效货币供给"。

真正决定经济繁荣与萧条的从来不是"第一车间的货币供给"，而是"第二车间的货币供给"。不管经济繁荣还是萧条，"第一车间"的货币数量基本上是没有变化的，真正有显著变动的是"第二车间"的货币数量。经济繁荣时，商业银行的信用创造能力强，"有效货币供给"非常高；经济萧条时，商业银行信用创造能力差，"有效货币供给"非常低。当然，不同时期货币内生能力的不同，背后反映的也是货币流通速度的不同。经济繁荣时，货币的流通速度高，货币内生能力强，"有效货币供给"就多；经济萧条时，货币流通速度慢，货币内生能力差，"有效货币供给"就少。当货币流通速度降到零时，就是凯恩斯所谓的"流动性陷阱"。

"流动性陷阱"只会出现在极低利率时期，本来并不多见，但自从"利率调控"量化宽松被发明出来后，"流动性陷阱"经常性地成为一个国家的货币常态。"流动性陷阱"时期的货币供给属于典型的低效货币供给。

经济危机时期的货币问题往往是出在货币生产的"第二车间"，而不是"第一车间"。盲目让中央银行增加"第一车间"的货币生产作用是不大的。如果我们激励金融机构，增加"第二车间"的货币生产，效果可能更好。因此，"信贷类金融机构"的利益一定要重视，因为他们才是生产货币的主力。

我们将"第一车间"的货币生产称为"货币供给"，将"第一车间"和"第二车间"共同生产的货币总和称为"有效货币供给"。"有效货币供给"才是我们需要的，才是关系经济繁荣的真正指标。凯恩斯在《就业、利息和货币通论》一书中提出经济萧条的原因是"有效需求不足"；笔者在本书又提出"有效货币供给"的概念，认为从某种程度上来说，经济萧条的原因也是"有效货币供给不足"。

笔者的货币理论与瑞典学派、凯恩斯学派、货币学派有着本质区别，他们过于注重中央银行的"货币供给"，忽视了在企业和金融机构共同参与之后形成的"有效货币供给"，而"有效货币供给"才是更应该关注的"真实指标"。"有效货币供给"与中央银行"货币供给"二者不可替代，在数值上差别也很大。"有效货币供给"的数值要远远大于中央银行的"货币供给"，两者之间存在一个"乘数"关系。这与新古典凯恩斯学派所谓的"货币乘数"并不相同。因为"货币乘数"仅仅是银行渠道的货币放大，而"有效货币供给"的形成不是仅仅依赖银行一个渠道。

第四节 "货币资本转化比"是检验中央银行货币政策成功与否的重要指标

中央银行发行货币并不能直接用于投资，直接用于投资的是"资本"，货币只有转化为政府或企业的"投资资本"后才会进行社会投资，才可以推动经济增长。在以前的货币学中，没有"货币资本转化理论"，也没有"货币资本转化"指标，而是默认中央银行发行的货币会自动转化为资本。现实中的情况却不是这样的。货币向资本的转化并不是自动的，也不是必然的，其转化程度也不是一成不变的，有时会高，有时会低。凯恩斯学派所谓的"流动性陷阱"其实就是货币停止向资本转化的极端情况，而"流动性泛滥"则是货币向资本转化过于活跃的表现。

"货币资本转化理论"是研究中央银行发行货币如何向资本转化的理论。"货币资本转化比"是衡量货币向资本转化程度的具体指标。"货币资本转化比"也是反映经济活跃度的重要指标。"货币资本转化比"越高，说明经济越活跃；"货币资本转化比"越低，说明经济越萧条。"货币资本转化比"由低转高是经济从萧条走向繁荣的标志；"货币资本转化比"由高转低则是经济由繁荣走向萧条的标志。

"货币资本转化比"作为衡量货币向资本转化程度的一个重要指标，具体可以用"社会融资总规模与基础货币数量的比值"进行衡量：

货币资本转化比＝社会融资总规模/基础货币数量

"货币资本转化比"越高，说明中央银行发行的货币向资本转化的程度越高；"货币资本转化比"越低，说明中央银行发行的货币向资本转化的程度越低。

"货币资本转化比"是检验中央银行货币政策成功与否的重要指标。

中央银行发行的货币，首先转化为资本，资本再去推动企业投资。"货币资本转化比"虽然受到企业需求的影响，但中央银行的货币政策对其影响也很大。中央银行的货币政策能否成功，最终看其是否可以更好地促进经济发展。"货币资本转化比"指标更容易揭示货币在现实经济中发挥作用的中间过程。

经济发展水平存在巨大弹性时，中央银行的货币政策发挥作用的空间很大。中央银行货币政策越成功，"货币资本转化比"就越高，经济发展得也就越好。相反，如果中央银行的货币政策制定得不科学，甚至是失败，就会导致"货币资本转化比"降低。这时中央银行的货币政策也就成了抑制经济发展的因素。

现代经济学尚不存在"衡量货币政策是否成功"的学术标准指标，而"货币资本转化比"可以成为这样的指标。"货币资本转化比"指标比GDP指标的表现要提前。"货币资本转化比"可以算是GDP的先导指标。"货币资本转化比"的意义更在于其可以充分揭示出"货币""资本"与"经济增长"三者之间的"内在关系"。

有了"货币资本转化比"这一指标，我们只需看其短期的高低变化，就可以看出货币政策对经济增长是否起作用，是对经济增长起正面作用，还是对经济增长起负面作用。如果"货币资本转化比"指标提高了，说明货币政策对经济增长起正面作用了；如果"货币资本转化比"指标降低了，说明货币政策对经济增长起负面作用了。

货币资本转化比最高的点是最优中央银行货币利率所处的点。关于这一点，我们在之后的"最优中央银行货币利率"中再具体讲述。

许多国家用"社会融资规模"指标来衡量社会资本的投资情况，但"货币资本转化比"相对于"社会融资规模"指标不同。"货币资本转化比"不仅是一个统计指标，更是一个学术概念，其学术意义更强。"货币资本转化比"指标可以非常清晰地揭示货币、资本与经济增长三者之间的关系，而"社会融资规模"指标显然不具备这样的能力。在现实中，社会融资规模的扩张也可能是通胀的结果，其数值虽然有参考意义，但还不够严谨；"货币资本转化比"指标则受通胀的影响很小，特别是不会受货币导致的通胀的影响。

现代经济学中虽然没有"货币资本转化比"的概念，但有一个类似的概念——"货币乘数"。这两个概念相似却有着本质的区别。"货币乘数"强调的是基础货币与广义货币的关联关系。广义货币数量虽然与资本相关，但又完全不同。因为两者的测度对象不同。广义货币的测度对象是存款。虽然现代银行的存款很多是贷款向存款的转化，但是两者从本质上并不是相同的概念。"货币资本转化比"是一个有着独特含义的概念，是其他概念不能够替代的。

"货币资本转化比"与"货币乘数"的不可替代性就犹如"广义货币M2"与"社会融资规模"指标的区别。广义货币衡量的是存款，而社会融资规模更多衡量的是贷款。存款并不一定转化为贷款，贷款也不是必然转化为存款，两者虽然大多数情况走势一致，但也存在走势背离的情况，因此不可替代。

第三章

供给侧货币学
——利率与货币供给问题分析

第一节　货币供给侧分析：货币流通速度与利率的关系

目前，金融学界对货币流通速度的探讨不多，甚至不少金融教材里缺少对"货币流通速度"的专门讨论。现代经济学中"货币流通速度计算公式"主要依据费雪方程，认为货币流通速度是GDP与货币数量之比。曼昆在其《曼昆经济学原理》第三十章和米什金在其《货币金融学》第十九章中都是这样明确表述，但在笔者看来这都是错误的。而且这样的解释不存在分析意义，也看不出货币流通速度是由哪些因素决定的。人们目前对货币流通速度的研究是不充分、不科学的，甚至按现在的公式计算出的货币流通速度也是不准确的。

现实经济条件下，货币是以两种形式流通的，分别是"商品交易性货币流通"和"投融资性货币流通"。"货币流通速度"的升高或降低不仅仅是一个通过货币进行"商品交易"的问题，更多的是体现货币通过投融资进行流通的效率。

现代社会，货币流通速度不是由商品交易的效率决定的，而是由企业的投融资效率决定的。在"投融资货币"为主体的情况下，"利率"是决定货币流通速度的一个关键因素。从供给侧看，货币流通速度是利率的函数，高利率可以提高投融资效率，可以促进货币派生，可以提高"有效货币供给"，可以提高货币流通速度。

从供给侧看，高利率可以提高货币流通速度主要基于几点：第一，利率越高，民众储蓄与投资理财的热情越高；第二，利率越高，金融机构受到的激励越大；第三，利率越高，利差越大，金融机构会有更多的利润去覆盖风险，信贷类金融机构也会适当放宽风控，民众高投资积极性可以为金融机构提供充足的资金。信贷类金融机构的高激励可以保证金融机构有足够的积极性将资金输送到实体经济，因此高利率环境下的货币流通意愿要高于低利率时期。高利率环境下，货币流通速度的加快是通过对民众和金融机构的双重激励来实现的。凯恩斯通过对货币三大需求之一的"投机性需求"的研究发现了民众的利率激励问题，笔者又增加了金融机构的利率激励分析。这样的货币供给侧分析才是完整的。

凯恩斯没有发现金融机构的激励问题，可能是因为这个问题在以前表现得不明显。当然，弗里德曼也没有发现。如果弗里德曼注意到了这点，可能就不会主张经济危机时实行低利率。如今，降息几乎成了治理经济危机的"标配"，但这种做法是错误的。如果降息就可以治理经济危机，那就太简单了。降息只是释放基础货币，但同时降低了货币流通速度，所以降息对治理经济危机效果不大，甚至是起反作用。

在货币运行中，提高货币流通速度比释放基础货币更重要。因此，我们主张发生经济危机时不要降低利率。货币金融市场多是"供给创造需求"，而非企业需求决定金融供给。企业需要资金，如果没有金融机构愿意放贷，也解决不了企业的融资问题。金融供给的高低是由利率决定的。利率越高，信贷金融体系越发达，信贷类金融机构就会创新出各种金融工具帮助企业融资，我们将之称为金融机构的"利率激励效应"。

从单纯供给侧看，金融机构的"利率激励效应"与利率成正比：市场利率越高，金融机构获得的激励也就越大，货币流通速度也就越高；市场利率越低，金融机构受到的激励就越低，货币流通速度也就越低。如果制定货币政策时不考虑信贷类金融机构的激励问题，就容易导致"货币政策失灵"。"货币政策失灵"的一个重要原因是"信贷类金融机构的激励失灵"。

中央银行制定货币政策时，应该首先考虑供给侧，而非需求侧。即使是经济萧条时，需求侧的企业也存在大量的潜在信贷需求和有效信贷需求，关键在于如何激励信贷类金融机构去满足这些需求。

第二节　论货币政策的推力

传统货币理论认为货币政策只有拉力，没有推力，比如弗里德曼就在其1968年发表的《货币政策的作用》一文中写道："货币是一根绳，你可以拉住它来阻止通货膨胀，但是你不能推动它来终止经济衰退。你可以拉着一匹马到水边，但是你不能强迫它喝水。"

然而，我们通过分析得知：货币政策不仅具有拉力，同样也有推力。货币政策的推力是可以通过提高利率，进而提高货币流通速度，提高信贷类金融机构的投融资效率实现的。货币政策的推力源于信贷类金融机构的推力。但这种推力单靠信贷类金融机构无法完成，还需要合理的货币政策给信贷类金融机构以激励。

我们虽然不能强迫马儿喝水，但我们可以为马儿提供更可口的水，比如在马儿的饮水槽里撒一些马儿爱吃的精饲料，这是常见的引导马儿喝水的方法。

我们这里强调的只是货币的供给侧分析，企业需求侧也是需要考虑的。毕竟企业需要货币不同于马儿吃草。马儿吃草不需要成本，而企业使用货币是需要成本的。这个问题我们在后面章节再分析。

第三节　过高或过低利率都会损害中小企业利益

在前面的分析中，我们主要是基于供给侧分析，如果考虑需求侧时，情况将有所不同。

如何才能提高"货币资本转化比"呢？传统货币理论认为"低利率"可以促进货币向资本的转化，但笔者认为"过高利率"或"过低利率"都会抑制货币向资本的转化，而且都是以牺牲信用不高的中小企业为代价的。

当中央银行实行"过低利率"时,"利差"也会收窄,"低利差"往往会导致更加严格的信贷风控,严格的信贷风控会导致更多的企业被排除在融资条件之外。也就是说,这时虽然信贷利率很低,但中小企业仍然难以融资,金融机构需要一定的"利差"才可以为更多的信贷失败行为容错。另外,在"低利率时期",银行的贷款积极性也受到影响。低利率货币政策是与银行激励不相容的。

当中央银行实行"过高利率"时,信用不佳的中小企业同样也会成为受害者。因为"高利率时期",面向中小企业的信贷利率会更高。高利率会导致中小企业还贷的风险大幅增加。这时,信贷类金融机构同样也会更加倾向于信用良好的国有企业或大型民营企业。总之,在"低利率时期",中小企业会因为银行的风控而无法得到融资;在"高利率时期",中小企业会因为自身风险而无法得到融资。也就是说,"过高利率"或"过低利率"两种情况下,中小企业融资都会出现问题。

因此,最有利于货币向资本转化的利率是一个中间利率,而非我们通常认为的最低利率。低利率货币政策大行其道,其实是只考虑企业需求的单边思考的结果。

第四节 费雪方程的错误与"投融资货币方程"

现代经济学中有两个非常著名的"货币方程",分别是"剑桥方程"和"费雪方程"。剑桥方程是基于"现金余额"的研究,又衍生出了凯恩斯和弗里德曼的货币需求函数,但是剑桥方程从根本上说是对"外生货币"的研究,缺陷非常明显,未来发展空间不大。

以讹传讹的费雪方程

现代经济学教材中的费雪方程与费雪在《货币的购买力》一书中

提出的货币方程并不相同。在《货币的购买力》一书中，费雪方程是 MV+M'V'=PT，这与我们熟知的费雪方程 MV=PT 具有极大的、本质的区别。现代教材中的费雪方程源于马歇尔的表述，凯恩斯在货币论中引用的也是错误的费雪方程，而费雪本人一直是用复杂版本。因为复杂版本的费雪方程包含了银行货币，更符合现实，况且银行货币的交易速度与手持货币的交易速度也是不同的，这个方面不应该被随意简化。

MV=PQ 的费雪方程在穆勒的代表作《政治经济学原理及其在社会哲学上的若干应用》第八章中有所表述，只是穆勒用的是文字表述，而不是字母公式。确切地说，应该称为穆勒方程，而非费雪方程。在这里，我们称为简化版的费雪方程。

货币流通速度的错误计算

如今的经济学教材中，计算货币流通速度通常是用 GDP 除以基础货币，曼昆的《经济学》、米什金的《货币金融学》等国内外的权威教材都在这样向学生讲授。但实际上这种计算方式已经完全落伍，严重不符合实际，而且自从有了银行，有了货币的信用创造之后，这个方程就已经不再适用。"运行货币"的数量一直是大于"国内生产总值"的。在费雪时代，GDP 的概念还没有被提出，这种计算方法未必符合费雪的本意。但可以肯定的一点是，这样计算出来的货币流通速度是错误的，与现实不符。现实货币流通速度变化很大，但 GDP 数据却变化不大。

在笔者看来，费雪方程有巨大缺陷。因为费雪将其货币方程定位为"交易方程"，更多的是考虑货币的"交易需求"，这样他的货币方程中的货币流通速度更多体现为"全社会商品交易的平均速度"，而非整体货币的流通速度，而且费雪还错误地假设货币流通速度是不变的。

如今，"商品交易"已经不再是货币流通的主要形式，"企业投融资"已经在货币流通中扮演主要角色。绝大部分货币只是在"交易的一刹那"

承担着交易角色，在交易之前或交易之后都是存入银行转化为"投融资货币"。一旦完成交易，交易货币就从商品买家手中转向商品卖家手中，商品卖家马上会将货币转变为银行存款，成为储蓄，而储蓄就是投融资货币的表现形式。除非卖家得到货币后将货币存入"保险柜"而不进入银行。这在以前是普遍存在的，但到了互联网时代、电子货币时代，无论是个人还是企业，将钱存在保险柜，而不存入银行的情况都比较少见了。这类停留在个人或企业手里的"现金"，我们称之为"纯自用货币"。其实，"纯自用货币"还包括停留在证券交易商那里的货币，但证券交易商那里的货币也是存于银行。

我们将现代货币分为"交易货币"和"投融资货币"两种主要表现形式。这两种货币都是同一个货币，只是在不同的时间点扮演不同的角色。"交易货币"与"投融资货币"是相互转化的。"交易货币"存在的时间非常短，货币绝大部分时刻都是以"投融资货币"的形式存在。货币只要进入银行，就成为"投融资货币"；没有进入银行的货币，我们称之为"纯自用货币"。"纯自用货币"对应现代货币分层统计中的"M0"，是指银行体系之外民众或企业拥有的现金货币，其数量是有限的。货币一旦进入银行，就成为理论意义上的"他用货币"。

费雪方程的危害不仅在于方程本身，更在于它的广泛应用。费雪方程是常用的计算货币流通速度的公式，但是根据费雪方程计算出来的货币流通速度却是错误的，因此流毒很广。因为国内生产总值与基础货币数量基本是同比例增加的，所以运用费雪方程计算的货币流通速度会常年没有什么变化。而且我们用费雪方程计算货币流通速度的做法与费雪建立方程时假设货币流通速度不变的做法也是矛盾的。既然方程成立的前提是货币流通速度不变，那么再用费雪方程去计算货币流通速度是没有任何意义的。

现实中，"运行货币数量"是高于国内生产总值的，真实的货币流通速度也大于利用费雪方程计算出的货币流通速度。另外，"运行货币数量"变动也很大。因此，真正的货币流通速度变化也很大。如果我们要准确计算货币流通速度，就应该废弃费雪方程，重建以"投融资货币"为基础的货币方程。

如果我们假设货币以"投融资货币"为主，那么货币方程应该是：

基础货币数量×货币流通速度=运行货币数量=纯自用货币数量+投融资货币数量

货币流通速度的计算公式是：

货币流通速度=（纯自用货币数量+投融资货币数量）/基础货币数量

"纯自用货币"是居民和企业拥有，而且没有用于储蓄和投资的货币。"纯自用货币"数量不大，因为居民货币或企业货币大都进入了银行体系，只要进入了银行体系，就变成了"他用货币"。所以实际计算货币流通速度时也可以这样简化：

货币流通速度=投融资货币数量/基础货币

基于现代货币主要以"投融资货币"的形式存在的现实，我们认为可以用"社会融资总规模"这一统计数据代替"投融资货币"的数量。

中国一直存在社会融资规模统计，这个数据变动比较大，因此用这个数据计算出来的货币流通速度变化也比较大，而且更加真实。

真实的费雪货币方程的问题

真实的费雪方程 MV+M'V'=PT 是对的，但无法用于货币流通速度的计算。因为零用现金和存款货币都没有固定的基数，而且两者的流通速度也不一致。货币流通速度的可计算是非常有必要的，因此真实的费雪方程在现实中毫无意义。马歇尔、凯恩斯和现代各种版本所引用的费雪方程虽然向"可计算"迈进了一步，但偏离了费雪的研究，而且计算出的货币流通速度也是错误的。

第五节　货币供给模型与货币供给函数

在当代货币学中，研究"货币需求函数"是比较主流的做法。凯恩斯和弗里德曼都提出了自己的"货币需求函数"，已经成为货币经济学教材的重要内容。"货币供给函数"主要是货币学派在研究，但他们所谓的货币供给模型，其实不过是"货币乘数模型"而已，在学术上意义不大。

然而"货币乘数模型"与"货币供给模型"在本质上并不是一回事。货币乘数模型反映的是一个时点上的银行渠道的货币供给量，但银行并非金融市场上的主要融资渠道，因此"货币乘数模型"并不能真正反映整个金融市场的货币供给情况。此外，"货币乘数模型"也很难揭示货币供给与哪些因素相关。

在这里，我们提出一个真正意义上的"货币供给模型"，一个符合现实的"货币供给模型"。我们认为货币供给主要取决于三个方面：一是货币的松紧；二是金融市场的发达程度；三是金融机构的积极性。

1. 货币的松紧

货币的松紧由存款准备金率来调节。存款准备金率的高低决定了市场上会出现多少货币。存款准备金率越高，市场上可用的货币越少；存款准备金率越低，市场上可用的资金越多。

2. 金融市场的发达程度

货币必须通过金融机构才能进入实体经济，金融市场的发达程度决定了货币的供给能力。金融市场的发达程度又是由两方面决定：一方面是金融机构的发达程度；另一方面是金融工具的多样性。不同的金融工具对应的是不同的信用手段。金融工具越多，开发金融需求的能力越强。金融市场的发达程度首先与政策有关；其次与科技有关。比如信用卡制度、互联网金融、大数据等都可以促进金融市场的发达程度；最后与利率有关。利率越高，创新的金融工具越多。

3.金融机构的积极性

有了货币，有了金融市场，还需要信贷类金融机构去积极地拓展业务，因此信贷类金融机构的积极性对货币供给也非常重要。信贷类金融机构的积极性主要来源于"利率激励"。一般情况下，利率越高，信贷类金融机构的收益越高，其从事货币供给的积极性也越高。当然，利率不是越高越好。利率越高，金融机构承担的风险也越大。适当的利率是最好的。

总之，货币供给总量与存款准备金率、金融市场发达程度和信贷类金融机构积极性相关。存款准备金率和金融市场的发达程度可以看作常量，这两个因素在短期内是变动不大的。而金融机构的积极性与利率息息相关。利率越高，金融供给越强。因此，货币供给是利率的函数。当然，金融供给也受制于货币需求，而货币需求也是利率的函数。这样就完成了货币供需理论的统一。货币的供给与需求都是利率的函数，只是货币供给是利率的正函数，货币需求是利率的反函数。

第四章

最优"中央银行货币利率"理论与货币政策的作用曲线

第一节　瑞典学派的理论缺陷和奥地利学派的失败

19世纪初的经济学界，马歇尔统治着微观经济学，维克塞尔统治着宏观经济学，但他们两者并非势均力敌，而是马歇尔无人问津，维克塞尔如日中天，甚至马歇尔的弟子凯恩斯都在忙着翻译瑞典学派的著作，并在瑞典学派"累积过程"理论的基础上构建自己的宏观经济理论。这时凯恩斯的经济思想主要体现在他的《货币论》一书中。

瑞典学派最值得称赞的创新是将亚当·斯密的自然价格和市场价格概念移植到货币学中，提出了自然利率和市场利率的概念，并与当时西方经济学中流行的均衡概念结合，提出了货币均衡理论。这可以算是当时最早的宏观经济理论。

瑞典学派的货币均衡理论一提出就影响巨大，不仅对凯恩斯学派有重大影响，而且对奥地利学派也有重要影响。瑞典学派是凯恩斯、米塞斯、哈耶克等学者共同的思想来源，他们都是当时瑞典学派忠实的追随者。至今为止，瑞典学派的货币均衡理论仍然是许多学派在考虑货币政策时的思想灵魂。

凯恩斯在写《就业、利息和货币通论》之前的货币思想主要是以瑞典学派为"母版"；米塞斯将瑞典学派的利率理论与庞巴维克的迂回生产理论结合在一起创立了奥地利学派的经济周期理论；哈耶克又在米塞斯的基础上借鉴了信用创造思想，进一步完善了奥地利学派的经济周期思想。

瑞典学派的货币利率理论称为"累积过程理论"。累积过程理论将利率分为市场利率和自然利率。该理论认为当市场利率低于自然利率时，经济向上累积形成经济繁荣；当市场利率高于自然利率时，市场向下累积，形成经济收缩；当市场利率等于自然利率时，经济是均衡的。

瑞典学派的累积过程理论其实非常接近常识，也不难理解，是将常识模型化了。这个思想很快就成为凯恩斯学派、奥地利学派的思想源头。弗里德曼在美国接受教育，在思想传承上虽然没有受到瑞典学派的直接影响，但是弗里德曼却在《美国货币史》一书中，从实证角度间接证明了瑞典学派理论的正确性。弗里德曼提出的在经济危机时期放松货币的主张也是与瑞典学派大体一致。

然而，越接近常识的理论越容易出错，经济学家的任务绝不是让政府一味地去迎合常识，而是让政府不要被常识造成的思想局限所绑架。那么，瑞典学派的理论错在哪里？有什么缺陷呢？笔者认为，瑞典学派最核心的缺陷在于他们仅仅是基于企业需求一侧的货币利率研究，而对于货币供给一侧则没有重点研究。当市场利率降到一定程度的时候，企业家的贷款意愿确实会增加，但此时金融机构的贷款意愿可能会下降。当企业家增长的贷款意愿遭遇到金融机构下降的贷款意愿的时候，信贷总量未必是上升的，也可能是下降的，也就是"廉价货币政策"未必能够促进经济繁荣。因为瑞典学派的理论太接近常识了，所以在长达一百多年的时间里，很少有人去质疑瑞典学派理论的正确性。而我们马上要提出的"最优中央银行货币利率理论"就是试图纠正瑞典学派在货币利率政策方面的缺陷。

凯恩斯的货币思想虽然最早继承自瑞典学派，但是当他发现了"资本边际效率崩溃"和民众的"灵活偏好"现象之后，就放弃了对瑞典学派的痴迷，转而走上了自己的原创经济理论之路。他另辟蹊径地创造了以"有效需求不足""乘数理论"等为核心的主张财政投资的经济学，这是凯恩斯的聪明之处。凯恩斯如果一直沿着瑞典学派的思想研究，那他也只能成为一个平庸的经济学家，而不会成为伟大的经济学家。

萨缪尔森在编写教材时虽然没有重点提及瑞典学派，但是经济学界通常又认为新古典综合派是赞成"相机抉择货币政策"的。这是因为他们引入了菲利普斯曲线。货币政策通过菲利普斯曲线又回归了凯恩斯经济学。但客观上说，这与凯恩斯本人的思想是背道而驰的，而且菲利普斯曲线也存在不少漏洞，后来成为货币学派的攻击对象。这些问题我们在后面进行讲述。

奥地利学派反对廉价货币政策也不是从笔者提出的"货币政策与金融机构激励相容的角度"出发，而是从"迂回生产"的角度进行反对。他们认为低利率会刺激企业继续负债，让更多的资金进入"迂回生产"领域，从而造成"过度投资"，让经济更加深陷危机。奥地利学派的经济周期理论也被称为"过度投资"理论。奥地利学派本质上也是"货币政策有效论"的支持者，是瑞典学派的热烈支持者，他们的核心分析框架仍然是从属于瑞典学派的。

根据凯恩斯和笔者的分析，经济危机时期增加货币很难达到繁荣，更不用说会造成"过度投资"了。假设真正造成了"过度投资"，那反而是政府需要的。奥地利学派的经济周期理论不能经受"预测"的检验，他们预测的"过度投资"在大萧条时期并没有出现，奥地利学派也因此一蹶不振，退出了主流经济学。奥地利学派的经济周期理论走向失败的根本原因在于其无法实现理论的"内外部一致"。他们的理论在逻辑上看似很通顺，但一到实际中就预测失败，归根结底还是有漏洞。经济理论的漏洞一般是存在着不切实际的隐含假设。凯恩斯的《就业、利息和货币通论》就是因为成功揭示了这些漏洞而成为主流，以至于后来哈耶克的同事、学生们都投奔到凯恩斯阵营，成为第一代凯恩斯经济学的主力。

也有学者认为奥地利学派的经济危机理论不应该称为过度投资理论，而应该称为不当投资理论。其实，投资应当不应当，企业家自有判断。经济危机时，即使有企业增加投资，也绝对不会是对生产过剩行业进行投资，而是对"萧条经济学"涉及的行业或是新兴行业进行投资，而这些投资反而是应该被鼓励的。因此，奥地利学派对产业分析不足，没有区分传统产业和新兴产业。经济危机时，仍然贷款的不一定是传统产业，而是新兴产业，是应该扶持的对象。更何况，金融危机时企业总体贷款意愿并没有那么强。如果只是放松货币就很容易促进投资，甚至出现像奥地利学派担心的会过度繁荣，那治理经济危机就不会是各国政府面临的难题了。

第二节 最优中央银行货币利率理论——寻找黄金利率水平

长期以来，人们存在一个基于瑞典学派的固有观念——"利率越低越好""利率越低越有利于经济增长"。这一观念支撑了"廉价货币政策"的频繁实施。通过前面的分析，我们可以知道这种观念的错误在于其分析的片面性。货币金融市场既不是完全由供给侧决定的，也不是完全由需求侧决定的。利率不是越高越好，也不是越低越好。笔者虽然创新了货币市场的供给侧分析，但我们绝不是一味地强调供给侧，而是也要兼顾需求侧。

货币市场的"利率偏好"问题分析

在货币市场中，供给侧与需求侧的市场主体是具有不同"利率偏好"的。在供给侧，信贷类金融机构是"高利率偏好"的。利率越高，信贷类金融机构的利润越高，他们从事货币供给的积极性越高；在需求侧，企业是低利率偏好的。利率越低，企业的融资成本越低，企业的货币需求越大。货币市场供需两侧利率偏好呈现相反特征，这为我们制定货币政策制造了难度。它要求我们在制定货币政策时不能偏袒任何一方。

在货币市场中，金融机构是起主要作用的。利率较高时，对金融机构是正激励效应；利率较低时，对金融机构是负激励效应。金融机构负激励也就是货币政策与金融机构无法实现激励相容。

最优中央银行货币利率

当我们的货币利率政策偏袒任何一方时，都会伤害另一方的利益，都会造成货币供需规模的降低。货币市场上存在一个利率点是可以真正平衡供需双方利益的。这个点对应的"货币供需总规模"是最大的，这个点对应的利率就是"最优中央银行货币利率",我们也称之为"黄金货币利率点",或是"利率的黄金水平"。在这个利率点上,既可以充分调动信贷类金融机构从事货币供给的积极性,又可以保障企业的融资成本不至于过高,企业可以如期还款。黄金货币利率点上的"有效货币供给"最大,运行货币总量最大,社会融资总规模最大,货币资本转化比最高,是金融最能促进经济发展的利率点。利率政策一旦偏离了最优利率,就会导致有效货币供给的降低。利率偏离最优利率越远,有效货币供给降低的就越多,经济发展也越差。

因此,我们主张实行相对"恒定利率",将利率恒定在"最优利率"周围,而非频繁地进行货币调控。因为只要货币政策偏离了这个"最优货币利率点",有效货币供给规模都会更小,经济发展都会更差,而且货币资本转化比也会更低。

当然,这个黄金利率点在不同国家和地区,不同时期都会有所不同,需要在实践中摸索才可以得出经验值。找到这个经验值之后,利率就在这个经验值附近小幅调整。在"最优中央银行货币利率"下,中央银行的货币干预将是"利率引导",通过中央银行利率将市场利率引导到最优利率上,而不是利率调控。

回顾历史我们会发现,没有哪一次降低利率对缓解经济衰退起到了根本性作用,但大家仍然想当然、习惯性地这么做。如果调节利率可以治理好经济危机,那人类早就没有经济危机了,也早就不惧怕经济危机了。这一点凯恩斯在其《就业、利息和货币通论》中也曾强调过。从长期看,利率调控不仅治理不好经济危机,反而会带来非常多的经济问题。

"最优中央银行货币利率"本质也是机制设计

"最优中央银行货币利率理论"将"激励相容理论"引入货币研究,"最优中央银行货币利率"本质也是一种货币市场的"机制设计",是机制设计理论在货币学研究中的最新成果。以前信息学派的赫维茨只是提出了"机制设计"的概念，但并没有在现实中发展出很好的应用案例。关于这种"货币市场机制设计"的思想，在后面对"干预性市场理论"的相关章节中，我们再详细介绍。

如果瑞典学派被证明是错误的，那些依托货币学派建立的理论就都是错误的，比如早年的凯恩斯经济理论和奥地利学派的经济周期理论等都是依托于瑞典学派建立的，都是错误的。

货币利率扭曲指数

在货币市场中，只有"最优中央银行货币利率"是最好的利率，其他利率都是对最优利率的扭曲。我们提出货币利率扭曲指数就是指货币利率偏离最优中央银行货币利率的程度。用数学公式表示的话，货币利率扭曲指数等于中央银行货币利率与最优中央银行货币利率之差的绝对值再除以最优中央银行货币利率。

第三节 "功能性货币政策"为何不可行？

在宏观经济学中，"功能财政"是凯恩斯学派经济学家阿巴·勒纳提出的一个学术概念。这个概念抓住了凯恩斯学派的本质。"功能财政"是指政府财政主要用来调节经济周期，而不是局限于收支平衡。功能财政政策在现实中确实具有立竿见影的效果，因为GDP的构成是与政府投资直接相关的。政府可以通过加大投资非常明显地促进经济增长。但是西方国家多采用"小政府"模式，因此功能财政政策在西方国家实行的空间被大大压缩。也因为这方面原因，西方国家进行的经济周期调控中，功能财政政策已经退居次位，真正大行其道的反而是"功能性货币政策"。具体来说就是，各国中央银行成为经济周期调控的主体力量。

在货币政策领域，虽然没有人明确提出"功能性货币政策"的概念，但现代货币政策的本质就是"功能性货币政策"。然而，根据笔者提出的"最优中央银行货币利率"理论，"功能性货币政策"却不太可行。因为最有利于经济发展的利率点只有一个，这就是"最优中央银行货币利率"，除此之外的所有利率点都是不利于经济增长的，所以"功能性货币政策"是错误的。中央银行的货币政策应该是恒定利率，也就是将利率恒定在"最优中央银行货币利率"周围，而不是按经济周期进行调节。"最优中央银行货币利率"之外的任何利率都会导致有效货币供给的降低。因此，一旦"最优中央银行货币利率"理论被主流接受，"功能性货币政策"也将退出历史舞台，中央银行定期通过货币政策调节经济周期的现象也将成为历史。那时，中央银行的权力将大幅缩小，中央银行货币政策对实体经济的影响也将有所降低。

第四节 "积极中立"的货币政策

经济学中有"货币中性"的概念，其大意就是货币数量变化对经济没有影响。弗里德曼认为长期看货币中性；卢卡斯从理性预期角度认为货币政策无论从长期还是短期都是中性的。

凯恩斯学派和奥地利学派是反对货币中性的。因为这两个学派从历史上都受到瑞典学派的影响，同根同源，他们之间的分歧只是出现在枝节问题上。其实，盲目讨论货币是否"中性"是毫无意义的。我们应该将其分解为几个问题才有意义。首先，货币数量政策是否中性；其次，货币利率政策是否中性；最后，它们是长期中性的还是短期中性的？这样将问题分解讨论才有意义。

那些坚持货币中性的学者，更多是信奉货币数量论的研究者，而反对货币中性的，大部分是研究货币利率的学者。从货币数量的角度出发，货币在长期内肯定是中性的，短期内肯定是非中性的，但从货币利率的角度出发，货币在长期或短期都不会是中性的。研究货币数量的学者更多地从货币发行的角度考虑，而研究货币利率的学者则更多从货币政策的角度考虑。

货币政策之所以有效果本身就是建立在货币政策非中性的基础之上。中央银行货币利率无论在任何一个点上对经济的作用都不同，都具备长期影响。

在前面的分析中，我们指出政府应该确定一个"最优中央银行货币利率"，而不是频繁变动货币政策。中央银行的职责是通过货币政策将市场利率引导到"最优利率"。保持适中利率的货币政策在金融学上被称为"中性货币政策"，亦称"中立货币政策"，是指在经济活动中保持货币中立，既不采取紧缩性货币政策，也不采取扩张性货币政策。中性货币政策提出容易，实现起来却很难。

笔者提出的"最优中央银行货币利率"理论则为实行"中立货币政策"奠定了基础。我们提出的这种"中立货币政策"不是被动中立的，而是主动的中立；不是货币紧缩与货币扩张之间的中立，而是相对于货币供给侧与货币需求侧的中立。

"积极中立的货币政策"中的"积极"是指需要我们主动寻求一个"最优中央银行货币利率"。我们既反对对货币的放任不管，也反对随意找一个中间值，而是去积极地寻找一个最优的货币利率，以最大限度地促进货币供给，促进经济繁荣。笔者提出的"积极中立的货币政策"背后是以一套全新的经济理论为支撑的，与以前的"中立货币政策"完全不同。从现实看，积极中立的货币政策才是最科学的货币政策，既保持了中性货币政策的优势，又避免了中性货币政策的劣势。

第五节　货币政策作用曲线

货币利率对经济增长的作用曲线是非常复杂的，不是单调的，只有在

"最优利率"时可以达到"有效货币供给最大化",其他利率时均无法达到有效货币供给最大化。我们可以将其分为几个阶段进行分析:

一、零利率阶段:有效货币供给稳定,货币供给是一条水平线;

二、从零利率向最优中央银行货币利率上升阶段:有效货币供给逐渐增加,是一条上升的曲线;

三、中央银行利率超过"最优利率"继续上升未达到"极限利率"之前阶段:有效货币供给将是一条下降的曲线;

四、中央银行利率达到"极限利率"之后,有效货币供给是一条垂直向下的直线。

在传统货币理论中,货币不存在供给曲线,只存在需求曲线,只存在一条向下的货币需求曲线,也就是利率越高,货币需求越低;利率越低,货币需求越高。这种分析是片面的,如果中央银行据此调节货币政策就会出现错误。

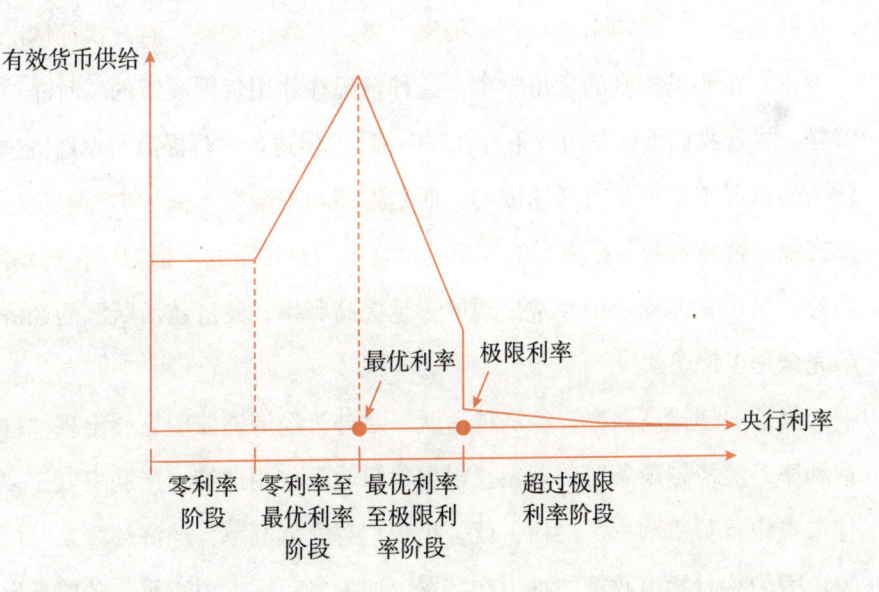

第六节 为何有时"越提高利率,经济越活跃", 有时"越降低利率,经济越萧条"?

利率政策很难像中央银行期待的那样"灵验",现实中经常会出现"越提高利率,经济越活跃""越降低利率,经济越萧条"等"反常现象"。传统理论对此很难解释,甚至弗里德曼提出的"时滞"也解释不了,但这些现象在笔者提出的新货币学中则非常容易解释。

从上一节"货币政策作用曲线"的分析可以知道,最低利率是不能促进经济增长的,提高利率也不一定就抑制经济增长,一定要看利率政策所处的阶段。当利率不断提高,但没有达到"最优中央银行货币利率"的阶段,提高利率是促进经济增长的。也就是说,如果先前的市场利率低于"最优中央银行货币利率",在提高利率的过程中,就会出现越提高利率经济越活跃的现象,直到利率提高到"最终中央银行货币利率"时,这种情况才会中止。在弗里德曼的货币学中,这种情况往往用货币政策的"时滞"来解释。尽管我们承认货币政策存在"时滞",但这种"越提高利率经济越活跃"的情况本质不是时滞造成的,而是提高利率激发了信贷类金融机构的放贷积极性导致的,是典型的供给侧再发力,是货币的"推力"在起作用。因此,货币紧缩周期中经常出现的"越提高利率,经济越活跃"的经济现象完全是正常现象。

除了"越提高利率,经济越活跃"之外,经济调控中还会出现"越降低利率,经济越萧条"的现象。根据货币政策作用曲线,当利率低于"最优中央银行货币利率"之后,就会出现"越降低利率,经济越萧条"的现象。因为这时货币政策的推力在减弱,如果货币需求力不足,随着推力的减弱,社会融资规模总体是下降的,经济也会变得更萧条,这完全属于正常经济现象。在货币市场中,货币政策推力的作用是主要的,这也是"供给决定需求"的原理。

通过笔者新货币学理论的分析，我们会发现经济最好的情况出现在"最优中央银行货币利率"上，而非最低中央银行货币利率点。

第七节　对麦金农和爱德华·肖的金融抑制和金融深化理论的评价

在经济学界，旗帜鲜明地反对低利率的人为数不多，除笔者外，较为知名的还有麦金农和爱德华·肖。麦金农和爱德华·肖都是斯坦福大学的教授。1973年，他们分别发表《经济发展中的货币与资本》《经济发展中的金融深化》两部著作论证了金融深化与金融抑制对经济发展的关系，他们两位也成为金融发展理论的奠基人。

在笔者看来，他们提出的"金融深化"和"金融抑制"两个概念非常好。相同的是，我们都认为高利率是金融深化的前提，而低利率才会造成金融抑制，这与传统的瑞典学派、货币学派的观点是相反的。在这点上，我们可以说是"学术同盟军"。麦金农反对格林斯潘迟迟不加息，也反对伯南克的量化宽松。2008年金融危机席卷全球，麦金农曾经和其他22位经济学家及投资者一起，撰写联名信，谏言时任美联储主席伯南克等在内的决策者，大规模的资产购买计划会损害经济。

但我们的理论也有区别。首先，麦金农是在总结发展中国家发展经验的基础上提出的，他几乎所有理论都局限于发展中国家，包括他后面的《金融自由化的顺序》一书。他并没有致力于建立一个普遍真理体系。我的经济理论是在反对货币学派和瑞典学派的基础上提出的，一开始就是以主流经济国家为研究对象，与发展中国家的特殊情况无关。

其次，我为我的经济理论建立了一套概念与理论体系，而麦金农只是提出了金融抑制和金融深化两个概念，没有建立有力的概念理论体系，属于规范研究，而非实证研究，所以麦金农在经济学界的影响比较小，没有成为主流，更没有对主流货币理论造成太大的冲击。

最后，我们与麦金农最大的区别是，麦金农主张通过自由放任的金融自由化达到均衡利率，而我们主张的最优中央银行货币利率理论，本质是需要干预的，是反对自由放任的。因为自由放任无法形成高利率，对于一个正常的市场经济体来说，自由放任的结果往往是低利率。因为货币是存在信用创造的，如果自由放任得到一个低利率的结果，反而达不到金融深化的目的，也就是麦金农的政策建议其实是与他的理论主张相反的。如果按他的金融自由化的想法，反而得不到金融深化，而是得到金融抑制的结果。

第八节　国民收入的货币流通速度决定理论
——论收入是货币流通速度的函数

2015年诺贝尔经济学家获得者迪顿在其著作《理解消费》中指出："不理解总消费的决定因素，就不可能理解经济波动的传导机制，也不可能理解缓和波经济波动的方式。"然而，人类理解了消费又能怎么样呢？消费的最终决定因素是收入，如果收入的决定机制不研究清楚，我们做多少消费研究都是无济于事的。

可惜的是，当代经济学中与"收入决定"相关的研究成果却乏善可陈。经济学中有消费理论或消费与收入的关系理论，却缺少收入决定理论。在经济学界，关于消费与收入的关系理论已经经历了凯恩斯的消费边际递减理论、弗里德曼的恒久收入假说、莫迪利安尼的消费生命周期学说以及迪顿的微观研究四代理论，其研究已经进入"死胡同"。

弗里德曼的恒久收入假说、莫迪利安尼的消费生命周期学说本质都是消费理论，而不是收入理论。他们讲的都是收入如何决定消费，都是对收入概念的精细化或是微调，而不是探讨收入由什么决定。

凯恩斯在《就业、利息和货币通论》中明确提出收入取决于投资，这从大方向上是正确的，笔者是赞同的。消费对经济只有存量贡献，投资才对经济具有增量贡献。民众收入和消费的提高最终都是要靠投资。但是笔者认为，如果仅仅将收入确定为投资的函数的话，理论还不彻底。我们还可以建立更彻底的收入理论。

笔者提出一个新的观点：收入是货币流通速度的函数。货币的流通速度越高，民众的收入越高：

收入 =f（货币流通速度）

在现实中，收入和消费都是动态的，而且变动非常大。人们有时感觉"赚钱很容易"，有时感觉"赚钱很难"，其实这并非国家的生产力程度发生了根本性变化，而往往是货币流通速度的变化在起作用。确切地说，这是货币政策导致货币交易速度变化后，给民众带来的感受。货币交易速度快了，人们就会感觉"钱好赚"；货币交易速度慢了，人们就会感觉"钱难赚"。货币交易速度其实也是现代经济学中的货币流通速度。因此，货币流通速度的变化决定了收入的变化。

货币交易背后是"市场交易"，收入最直接的来源也是"市场交易"，没有市场交易就没有收入。"市场交易的速度"决定了收入可得性的难易，但是现代社会的市场交易不仅仅是"终端商品的交易"，更多的是用于投资领域的"生产要素的交易"。市场交易不仅发生在消费环节，更发生在投资环节，而且投资环节的市场交易更重要。

我们可以将货币的流通速度分解为商品货币的流通速度和投融资货币的流通速度。其中，商品货币的流通速度相对稳定，而投融资货币的流通速度则非常不稳定，既受产业周期、国家产业政策影响，也受中央银行货币政策影响。投资环节的市场交易开始加速时，民众的收入就已经开始增长；消费环节的交易加速最终也会影响民众收入，但要来得慢一些，而收入的增长与投资环节的市场加速相关。如果投资市场的交易加速，那么商品市场交易的加速也不会持久，因此，如果我们要对经济增长和民众收入提高有所作为，首要改变的是投资环节的市场交易速度，也就是投融资货币的流通速度。企业的投资程度决定了企业的生产规模，间接反映到各行各业的赚钱难度上。投资速度不需要发生剧烈变化，仅仅是很小的量的变化，比如只有百分之几的变化，也会让人感觉非常明显。

投资环节的市场交易速度是由产业政策和货币政策等决定的。其中，货币政策效果最快。没有好的货币政策就不会有比较高的投资，就不会有比较高的货币交易速度，就不会有比较高的收入。关于货币政策与投资的关系，我们在其他章节做过探讨，只有实行最优中央银行货币利率才可以实现最高的货币流通速度以及最大规模的有效货币供给，这时民众的收入感也是最高的。

我们可以总结一下从好的货币政策到收入增加之间的传导机制：

好的货币政策→货币流通速度加快→投资增加→市场交易加快→收入增加。

好的货币政策导致的收入增加并非是暂时的，也可以是长久的，这取决于投资的质量。投资可以分为两类，一类是生产要素的扩张，一类是生产效率的提高。这两者对提高民众收入都是有用的。对于发展中国家来说，民众收入的提高更多是依靠生产要素的扩张，但对于发达国家来说，生产要素的扩张比较容易达到极限，民众收入的提高主要依靠生产效率的扩张。

总之，关于收入与货币流通速度的关系，我们须记住两点：第一，民众赚钱感觉快慢的周期性变化是经济背后货币流通速度周期变化的结果；第二，在货币流通速度变化中，投融资货币的流通速度变化对收入影响最大，其影响要高于商品货币流通速度变化对收入的影响。

第五章

"干预性市场"的"合意均衡"与"货币流动"理论

第一节 "利率法定"与"干预性市场"理论

在微观经济学中，商品的供需理论是一体的，但在宏观经济学中，货币的需求理论、货币的供给理论和货币的均衡理论都是独立存在的，关联不大。货币学中不存在货币的需求曲线和供给曲线。

现代货币学中，货币需求理论主要围绕"剑桥方程"展开；货币的供给理论主要讲银行的货币乘数；货币均衡理论又分裂为宏观上的自然利率与市场利率的均衡以及微观上的金融市场货币供需均衡。货币学中，"货币供给理论""货币需求理论""货币均衡理论"的"分立"足以说明当代货币理论还不够完善，而我们要做的就是将这些理论统一起来。

利率法定是货币理论的研究基础

研究货币时我们首先要明确，现实中的"货币市场"和"商品市场"是完全不同的，甚至是相反的。商品市场是"供需决定价格"，而货币市场则是"价格决定供需"。从各国实践来看，"宏观利率"是国家制定的，主要是指中央银行的利率；与"宏观利率"相对的是"微观利率"，主要是指金融市场的利率，也就是金融机构向企业放贷的利率。关于货币市场，笔者的观点是：现有的货币、金融体系并非是自然演进的，而是法律限制或政府管制的必然结果。

在美国，信贷市场的基准利率是美联储的联邦基金利率，中国则是由中央银行直接制定存贷款基准利率。基准利率通常都是中央银行制定的，市场微观利率通常都是金融机构在国家制定的"宏观利率"的基础上进行一定的浮动形成的。当中央银行制定的宏观利率较高时，市场上的微观利率也较高；当中央银行制定的宏观利率较低时，市场上的微观利率也较低。

市场微观利率直接受国家宏观利率的影响。

在货币市场中，政府可以直接干预货币的价格。各国政府一般都会授权中央银行这么做。当然，人类一开始没有中央银行，中央银行刚开始也没有那么多的经济调控职能，这都是人类在一次次的经验教训中摸索出来的。遵从国家维持经济稳定的目标去影响货币市场，这已经是各国中央银行的"法定职责"。

"干预性货币市场"与"合意均衡供需"

如今的货币市场已经不再是一个自由市场，而是一个典型的"干预性市场"。"干预性市场"与"自由市场"拥有完全不同的运行规律。干预性市场的出现主要是由于自由市场的失败。现代社会很难找到纯粹意义上的自由市场，几乎所有国家的市场都是干预性市场，只是干预的深浅程度不同而已，而且这种干预并不是从现在才开始的，可能从"国家铸造货币"的那一刻就已经开始了。自从有了中央银行，国家对自由市场的干预就更深了。由于干预性市场广泛存在，干预性市场的运行规律又是完全不同于自由市场的，因此研究干预性市场的运行规律非常必要，甚至比研究自由市场的运行规律更有意义。

将自由市场变为干预性市场，这是因为自由市场无法形成我们所需要的"合意均衡"。所谓"合意均衡"，是指我们需要的，符合我们意愿的市场均衡。干预性市场也是社会经济中自发形成的一种演化秩序。现实中，由中央银行掌控的"货币市场"是最典型的，也是影响最大的干预性市场。因此，干预性市场不是新生事物，也不是个别现象，而是一直存在的经济现象，至少已经存在了上百年的历史。在货币市场中，中央银行会通过利率调整制定货币基准价格，最终形成一个"合意的货币供需均衡"，从而实现政府货币调控目标。从实践看，这种做法是务实有效的，避免了自由市场的弊端。

在此，我们要引入一个新概念，就是"均衡供需"。"均衡供需"是与"均衡价格"相对应的概念。"均衡供需"就是在"价格给定"的情况下，市场达到均衡后形成的供需状况。如果"市场价格"是人们根据自己的利益提前设定的，那么这时形成的市场供需就是"均衡供需"，我们也称之为"合意的均衡供需"。在自由市场中，人们追求的是"均衡价格"；在干预性市场中，人们追求的则是"合意的均衡供需"。

均衡优化和均衡劣化理论

人类进行市场干预主要就是为了"均衡优化"或是称为"均衡改进"，均衡优化或均衡改进理论认为自由经济下形成的均衡并非全是最优的，市场均衡存在被改进或被优化的空间。政府可以通过供需或价格干预让市场从低水平均衡向高水平均衡改进，或是从劣质均衡向优质均衡改进，让均衡更加符合经济效率或社会公平等人类目标。

均衡优化的目标可能是降低价格，也可能是提高供给或是削减过剩产能，其手段可能是对供给端或需求端进行干预，也可能是从价格端进行干预。国家对新兴产业进行补贴是从供给端干预；国家制定一个较高的"粮食保护收购价"，以此刺激农民多种粮食，则是从价格端进行干预。

中国政府采取的均衡优化措施取得了良好的效果，新兴产业补贴让中国的太阳能、电动汽车等产业很快达到了世界先进水平；粮食保护收购价保护了农民种粮的积极性，维护了国家的粮食安全。

市场势力不平等会导致"均衡劣化"

"均衡劣化"也是市场经济中常见的经济现象，其根本原因在于市场势力的不平等。有的时候是供给方的市场势力过强，有的时候是需求方的市场势力过强，而且这种市场势力的不平等在短时间内是无法扭转的，如果任由强势一方控制市场并进而操纵市场就会导致"均衡劣化"。比如战争时期或灾荒之年的粮食价格暴涨、春运期间部分线路机票价格暴涨，这都是均衡劣化，而且这种"均衡劣化"是对社会没有正面意义的。战争期间粮食价格暴涨不会带动粮食生产的增加，春运期间飞机票价格暴涨也不会带来运力的增加。均衡劣化严重时，政府需要进行微观干预。

均衡优化和均衡劣化理论告诉我们：政府的经济职能不仅在于保持宏观经济的稳定运行，还包括保障微观经济均衡不断优化。当微观经济出现均衡劣化时，政府要及时出手进行干预。

第二节 "干预性货币市场"的价格形成机制
——批发价格决定零售价格

货币市场的"宏观利率"是通过政府"货币政策"制定的，那么货币市场的"微观利率"是怎么形成的呢？笔者称之为"批发价格决定零售价格"机制。微观金融市场上确实也存在"供需均衡"问题，但那只是表面现象，从根本上看则是"批发价格决定零售价格"。在"商品市场"，我们很难想象有人在商品市场去制定一个基准价格，再用这个价格去影响"市场供需"，但在货币市场这却是一个"现实存在"。货币市场的运行规则是政府先通过中央银行制定一个"货币批发价格"，再用这个"货币批发价格"去影响金融市场上的货币"零售价格"。"货币批发价格"就是中央银行制定的基准利率，"货币零售价格"就是金融机构面向贷款人的市场利率。

在货币市场，货币价格的根本秩序是"批发价格决定零售价格"。这意味着中央银行的"货币批发价格"是影响货币市场的重要因素，而现实中货币供需的影响很小，供需在货币市场的价格形成中居于次要地位。

货币市场的"合意均衡"是如何形成的？

在"利率法定"的背景下，基于中央银行基准利率的市场利率会直接影响货币供需变化。"利率法定"下的货币供需规律是：当市场利率越高时，货币供给越多，货币需求越小；当市场利率越低时，货币供给越少，货币需求越大。"法定利率"最终决定了市场上的货币供需。

货币市场的"供给弹性"

货币市场供给侧的复杂性要远远高于商品市场。这是因为货币市场与商品市场存在一个重要区别：商品市场的产品供给数量是相对固定的，而货币市场的货币供给数量却是弹性的。货币不完全是中央银行生产的，前面我们讲过，中央银行只生产"发行货币"，只是货币生产的"第一车间"，更多的货币是在商业银行内部创造的，商业银行是货币生产的"第二车间"。商业银行这个"第二车间"生产了大部分的货币，而"第二车间"创造货币的数量却是不固定的，也不是中央银行能决定的。"第一车间"生产的货币与"第二车间"创造的货币合并到一起才构成运行货币的总数量。货币市场上货币的真实数量不是"发行货币"的数量，而是"运行货币"的数量。

"发行货币"的数量多少对货币市场的影响是很小的，"运行货币"的多少才是关键因素。"货币运行效率"越高，最终市场上的"运行货币"就越多。这里的"货币运行效率"即马克思经济学所指的"货币周转速度"。与宏观经济学中的货币乘数不同，货币乘数主要指的是银行渠道的货币放大，而"货币运行效率"则是针对整个金融市场而言的。中央银行的发行货币是一种"初始货币供给"，市场上真正在运行的货币才是"有效货币供给"。"有效货币供给"的总量是弹性的，而且是"初始发行货币"的很多倍。

利率的能动性

在"利率法定"的前提下，利率不再是货币市场均衡的结果，而是原因。货币利率是具有"能动性"的，利率不仅调节着货币的需求，也调节着货币的供给。无论多么宽松的货币发行，如果没有"高利率"作为辅助条件，都将难以变成"有效货币供给"，货币宽松的效果也不会发挥出来。货币政策要想发挥作用，不仅需要来自需求侧的"拉力"，更需要来自供给侧的"推力"，而货币供给侧的"推力"则是由利率决定的。从前，人们认为"货币如绳"，只有拉力，没有推力，那是因为"供给侧货币学"还没有建立起来。我们通过对供给侧货币学的研究，证实货币也是有"推力"的。

货币价格政策与货币数量政策是可以相互独立实施的，增加货币数量虽然在短期内可以降低货币利率，但是从长期看，只会造成货币贬值，而不一定会造成利率的降低。

利率对货币供给与货币需求的影响，我们称为利率的"能动性"。将"利率法定"与"利率能动性"结合起来，我们就能看清利率调控的真实面貌。在考虑了"利率法定"和"利率能动性"之后，货币市场就不只存在一个均衡点，而是存在多个均衡点。中央银行制定的每一个利率点，都会对应一个均衡点。我们想要一个什么样的货币均衡点，就可以制定一个什么样的利率。一切尽在我们掌控之中。

总之，货币市场与商品市场是运行规则完全相反的两个市场，我们不能盲目套用商品市场的分析方法来分析货币市场，而是要建立一套货币市场的分析范式。这也是笔者在这几章中所要阐述的内容。

第三节　货币流动理论——前人对货币政策的传导机制的探索

货币政策不仅是一个宏观问题，也是一个微观问题。货币政策不仅决定着总量的货币供需，也决定着微观的"货币流动"。因为在微观上，货币的价格决定着市场资金的流向。

货币流动与货币流通不是一回事

"货币流动"理论与以前的"货币流通"理论研究不是一回事。"货币流通"理论更侧重对"货币循环"的研究，而"货币流动"理论则研究的是货币从中央银行放出后到金融机构，再到具体产业，再到个人的过程，是单向的研究，不涉及货币循环。货币流动理论本质是研究的货币政策如何通过影响货币流动而对实体经济产生影响以及这其中的传导机制。

前人对货币流动理论的研究

经济学家对"货币流动"理论研究得较少也不全面，目前经济学中没有成型的"货币流动"理论，也不存在这样的经济学研究分支，只有一些零星的成果。法国经济学家坎蒂隆曾经提出"坎蒂隆效应"，算是对货币流动问题比较早的观察。"坎蒂隆效应"讲的是货币数量增加后不同人群的受益与受损情况。在货币增加的过程中，最先拿到货币的是货币增加的受益者，而后期拿到货币的将成为通胀的承担者。奥地利学派的庞巴维克也曾经从"迂回生产"和"直接生产"的角度观察过货币的流动问题。庞巴维克提出低利率有利于企业家迂回生产，而高利率抑制迂回生产的观点，也是对货币流动的局部探索，没有建立起理论体系。

弗里德曼有一个重要的遗憾的就是没有搞懂货币变动的传导机制，但弗里德曼主要从货币数量角度研究货币，从这个角度建立起货币变动的传导机制是很难的，最多只能是总结一些类似坎蒂隆效应的规律。货币政策对实体经济的影响更多的是通过利率变化产生影响，而非数量变化。

中央银行在制定利率政策时考虑的只有宏观经济的稳定，而很少考虑微观市场的变化。但利率对一个国家微观经济结构的影响是非常大的，经济结构也应该成为中央银行制定货币政策时的参考因素。利率对经济结构的影响，只有在极端利率环境下才会表现得比较明显，才会被观察出来。

所谓极端利率政策指的是诸如零利率政策、量化宽松政策等，但人类实行极端利率政策的时期又很少，所以这种影响不容易观察到。笔者也是通过对世界各国极端货币政策进行对比，才发现了这些规律。

研究利率与经济关系的先驱是瑞典学派，该学派的创始人维克塞尔曾在1898年的《利息与价格》一书中提出"累积过程理论"。瑞典学派的理论打通了货币理论与经济理论的壁垒，将两者融合在一起，但瑞典学派的研究主要局限于宏观，而不涉及微观。

现代货币市场是典型的干预性市场，因此明白货币政策的传导机制或是其作用机制非常重要，这样才有利于改善我们的货币干预效果。

第四节 利率政策的"指挥棒效应"与货币金融视角下的产业组织理论

现代货币政策主要是利率政策为主，因此现代货币政策的传导机制也主要表现为利率政策的传导机制。在笔者看来，利率就是货币流动的指挥棒，引导着市场上的资金动向。利率可以通过影响资金的流向塑造一个国家的产业结构与经济结构。资金流向之处市场一片繁荣，资金覆盖不到的地方市场一片萧条。笔者将中央银行货币利率对经济的影响形象地称为利率政策的"指挥棒效应"。

根据笔者总结，利率的指挥棒效应，主要表现在以下几个方面：

1.利率是民众资金在投资与消费之间流动的指挥棒

高利率可以促进居民投资，低利率可以促进居民消费，这背后反映了民众的逐利心理。只要将利率确定在一定范围内，就很容易吸引到民间资金，因为民众都有"用钱生利"的想法。利息给得高，金融机构就更容易募集到资金，这是金融业发展的市场规律。所以高利率是有利于民众投资的，资金流向投资领域也是有利于经济发展的。相反，低利率则诱导民众进行消费，因为利率很低时，民众就不愿意投资，钱不用于投资就很容易被消费掉。当资金很便宜时，居民不仅不投资，还会贷款消费，这时民众会将钱用于享乐，甚至会透支。总之，利率高时投资会受到鼓励，消费会受到抑制；利率低时借贷消费受到鼓励，投资受到抑制。利率是一根指挥棒，指挥着民众资金的流向。

2.利率是资金在大型企业与中小企业之间流动的指挥棒

利率不仅是民众资金流向的指挥棒，也是资金在企业之间流动的指挥棒。资金流入的企业会迅速做大；资金流出的企业则会迅速萎缩。

利率对不同规模企业的影响是不同的，这是因为不同规模的企业信用不同。一般大企业的信用要强于中小企业。金融机构放贷给大企业的风险要小于放贷给中小企业的风险。金融市场并不遵守"价高者得"的竞争规律。金融机构的资金不仅追求收益，还要追求安全。从安全的角度来看，当然是大企业比小企业更安全。当市场利率越高，金融风险越大的时候，资本就越青睐于大企业。因此，利率越高的环境对大企业的融资越有利。

只有利率不太高时，资金才会惠及中小企业。因为利率整体走低时，整个市场的金融风险才较低，中小企业才可以通过承受更高利率与大企业竞争信贷份额，此时资金才会惠及中小企业。当然，利率极低时中小企业也不受益。因为利率极低时，信贷机构的风控会更严，很多中小企业也会被排除在外。

3.利率是资金在国有企业和民营企业之间流动的指挥棒

不同企业的信用情况不同。一般来说，央企的信用强于国企，国企信用强于民企。利率越高，金融机构越追求安全，即使损失一些利润，金融机构也要将资金放贷给更安全的企业。因此，利率越高，央企、国企、地方政府融资平台反而越容易融资。高利率会对央企、国企的扩张产生促进作用，对民企则会产生抑制效果。央企、国企、地方政府融资平台在高利率货币环境下是市场资金的避风港，是资本追逐的宠儿，可以轻松获得大量资金，实现超常规发展。

4.利率是资金在传统企业与创新型企业之间流动的指挥棒

创新型企业规模一般比传统企业小，但其在高利率环境下更容易获得市场资金，这是因为创新型企业主要采用股权融资。传统企业则比较难在高利率环境下获得资金，这是因为传统企业主要是以债权方式融资。在高利率环境下，债权融资是非常贵的，所以依靠债权融资的企业比较困难，而股权融资在高利率环境下则是不需要支付过高成本的。而且高利率环境下，创投企业募集资金非常容易，可以很好支持创新型企业高速发展，所以股权融资的企业会发展得比较好。总之，利率越高，依靠股权融资的创新型企业发展得越好；利率越低，依靠债权融资的传统企业发展得越好。

5.利率是资金在实体经济与资本市场之间流动的指挥棒

利率越高，资金越有积极性进入实体经济，赚取稳定收益。利率较低时，资金不能在实体经济中赚取稳定收益，更容易转入资本市场冒险。资金进入实体经济需要金融机构的支持，利率越高，对金融机构的激励越大。而资本市场则是直接融资，民众的钱进入股票市场可以不依赖中介，所以利率越低，民众无法赚取稳定收益，就越容易转入资本市场，越容易出现资本市场泡沫。对于一个国家来说，如果想要引导资金进入实体经济，要抑制资本市场泡沫，就不能降低利率。

总之，利率是一个指挥棒，指引了资金的流动方向。资金的流动方向又影响着一个国家的经济结构。我们通过控制利率这个"指挥棒"，就可以间接塑造一个国家的经济结构。当利率上升时，资金就会流向居民投资，流向创新型企业，流向央企、国企、上市公司、大型民营企业等；当利率下降时，资金就会流向居民消费，流向传统企业、中小企业、股市等。

如果货币经济学只研究货币数量论，不研究利率，永远看不清这些规律。在现代货币体制下，利率是由中央银行控制的，与其他因素关联不大。

在高利率环境下，资本向更安全的大型企业集中的现象，我们称为高利率环境下的资本市场"头部效应"，也可以称为高利率环境下的"资本避风港效应"。其中，头部效应是针对融资方而言的，避风港效应是针对投资方而言的。而在零利率环境下，其他经济体都出现了资本集中到高风险的金融衍生品市场的现象。

第六章

高利率的优势：第四代经济增长理论
——创新资本经济学

一国经济可持续增长的动力源于创新，但创新却与国家的货币政策密切相关。因为现代经济的创新主要是"创新资本"推动的，而"创新资本"的募集则与货币政策息息相关。本章主要讲述的是高利率货币政策推动经济实现"创新式增长"的理论与案例。

第一节 人类前三代"经济增长理论"研究综述

人类研究经济增长问题并不是从"二战"之后才开始的，早期经济学家如亚当·斯密、李斯特等学者都提出过自己的经济增长思想，"二战"之后，人类进入了经济增长理论研究的高峰期，本书对经济增长理论代数的划分主要是从"二战"之后，经济增长理论成为一个独立的经济学分支时开始的。

"二战"之后最先主导宏观经济学的是凯恩斯经济学，因此第一代经济增长理论也是基于凯恩斯主义的。在凯恩斯主义经济学中，经济增长主要靠投资，但投资主要靠什么，第一代经济增长理论给出了答案，认为储蓄率是决定经济增长的关键因素，认为经济增长率决定于储蓄率。第一代经济增长理论的提出者是英国牛津大学哈罗德教授，此人同时也是凯恩斯传记的作者。哈罗德提出的第一代经济增长模型，在经济学中被称为哈罗德-多玛模型，因为美国经济学家多玛在他的论文中也提出了类似模型。多玛也是美国凯恩斯学派的成员。

第一代经济增长理论将决定经济增长的根本因素归结为储蓄，这就引出了其他问题，储蓄是不是越多越好？储蓄率到底是多少最为合适？关于这些问题，美国经济学家菲尔普斯给出了答案。他认为资本积累存在一个最优水平，如果一个社会储蓄率过高的话，那么便会导致"经济动态失效"

现象，降低了人们的长期福祉。他通过模型计算出了决定经济增长黄金储蓄率水平，菲尔普斯也因此获得了2006年度的诺贝尔经济学奖，自此，第一代经济增长理论的研究告一段落。

其实第一代经济增长理论与现实并不完全相符，只可以用于解释发展中国家的经济增长，而发达国家的增长并不靠储蓄和投资，而是靠技术进步。因此将技术因素引入经济增长理论就显得非常必要，这就是第二代经济增长理论的主要内容。第二代经济增长理论认为"技术进步"才是经济增长的最终动力。第二代经济增长理论的提出者是美国经济学家索洛。索洛最大的贡献是提出了技术进步对经济增长的贡献的计算方法，他将由技术进步引发的经济增长称为"全要素生产率"增长，包括知识、教育、技术培训、规模经济、组织管理等方面的改善，"全"的意思是经济增长中不能分别归因于有形生产要素的增长的那部分，因而全要素生产率用来衡量除去所有有形生产要素以外的纯技术进步的生产率的增长。索洛本人也因此获得了1987年的诺贝尔经济学奖。

当第二代经济增长理论将"技术进步"确定为决定经济增长的根本重要性因素后，一个新的疑问就随之而来，经济发展所需要的技术进步从何而来？这一疑问也造就了第三代经济增长理论。第三代经济增长理论解决的就是经济体系内部是如何产生技术进步的问题。最早解决这一问题的是美国经济学家阿罗，他提出了"干中学"模型。阿罗认为，人们是通过在实践中学习而获得知识的，技术进步是知识的产物、学习的结果，也就是说，技术是人才在"干中学"中获得的。阿罗在1972年获得了诺贝尔经济学奖，同时他也是最年轻的诺贝尔经济学奖获得者，当时才51岁。阿罗之后罗默也提出了内生经济增长的思想，认为知识的边际递增效应是导致进步的根源，后来卢卡斯也建立了人力资本增长模型，认为经济增长主要是由于人力资本的提升。2018年，罗默因为内生增长理论获得了诺贝尔奖，卢卡斯也是1995年诺贝尔经济学奖得主。之后，经济增长理论就没有更大的突破。

经济增长理论如此重要，以至于那么多诺贝尔奖经济学家投身其中，甚至卢卡斯有一句广为流传的名言："一旦你开始思考经济增长问题，就很难再去想别的了。"但是我们不禁要问，人类目前所探索出的经济增长理论就真正解决经济增长问题了吗？技术、知识和人才就是人类经济增长的终极秘密吗？

看看现实，如果说技术进步是经济增长的最终动力，那么当今社会日本是一个技术大国，以前每年创造着几乎全球最多的技术专利，但日本为何长达二十年经济停滞？如果说知识与人才是世界经济增长的动力，那么为何美国拥有世界上最先进的大学，拥有世界上最多的知识与人才，那么为何美国近年开始担忧被中国超越？人类现有的经济增长理论与其说是揭示了经济增长的本质，不如说是用极其复杂的模型解释了一些最显而易见的常识而已。现代经济增长理论仍然是不完善的，决定经济增长的那个根本性因素还没有被找到。

第二节　第四代经济增长理论——"创新资本"推动技术进步快速向生产力转化的经济学

在笔者看来，人们对经济增长问题的探索还远远没有结束。我们可以顺着第三代经济增长理论的成果继续追问，人才和知识可以产生技术，但技术进步就一定可以马上转化为经济增长吗？这里面也欠缺一个最重要的要素——资本。如果没有资本去支持技术转化为现实生产力，经济就不会增长。技术进步向现实经济增长转化是需要资金投入的，因此笔者提出了第四代经济增长理论——"创新资本经济学"。第四代经济增长理论强调的是资本的作用，特别是"创新资本"在经济增长中的作用。

第二代经济增长理论论证了技术进步的重要性，第三代经济增长理论研究了技术进步的来源问题，第四代经济增长理论研究的则是技术进步如何快速转化为生产力的问题。在第四代经济增长理论中，笔者认为一个国家的技术能不能快速转化为生产力，取决于这个国家在创新领域聚集的资本规模。创新领域聚集的资本也称为"创新资本"，它与传统企业所依赖的信贷资本是完全不同的。传统意义上的资本更多的是债权资本，他们主要由银行提供，他们的收益是固定的利息，而"创新资本"更多是以股权资本的形式出现，他们赚取的不是利息，而是股权增值收益，股权投资行业聚集的创新资本规模才是决定经济增长的关键因素，这比人才和知识更重要。

第四代经济增长理论与第二代、第三代经济增长理论并没有本质冲突，而且一脉相承。第三代经济增长理论研究的是知识和人力资本如何转化为技术进步，解决的是"从0到1"的问题，而第四代经济增长理论研究的是技术进步如何转化为生产力，解决的则是"从1到N"的问题。

第三节　新型"国家竞争力"理论

第四代经济增长理论认为，一个国家要想尽快地让"技术进步"转化为"生产力"，就必须用最短的时间募集到更多的"创新资本"去支持技术进步的转化，哪个国家可以更快地募集到更多的创新资本，哪个国家就可以更快地将技术进步转化为现实的经济发展。因此，在第四代经济增长理论看来，国家竞争比拼的是"创新资本的募集能力"，最直观的指标是国家的"创新资本总量"，当一个国家的"创新资本募集能力"开始被另一个国家超越时，这个国家的"创新资本总量"也就开始被另一个国家超越，那么这个国家的创新能力也会很快被另一个国家超越，这个国家的经济发展水平也将很快被另外的国家超越。

第四代经济增长理论认为"创新资本募集能力"和"创新资本总量"是国家间经济竞争的核心。因为各国在基础科学领域都是相通的，基础知识是可以跨国流动的，科研论文是全世界都可以查看的，真正拉开差距的是应用技术层面的差距，最明显的就是苹果、华为、高通、英特尔、台积电这些世界知名企业，他们也并没有做出多少震惊世界的伟大科学发现，他们的科研人员也并不具备获得诺贝尔经济学奖的能力，他们只是在应用领域进行了更多的创新积累而已，而正是这些应用方面的差距才可以真正拉开不同国家的经济差距。而技术应用方面的创新则需要"创新资本"的支持才可以完成。

中国在不少创新领域都超越了美国，也不是因为中国在基础科研领域超越了美国，而是中国在科研转化方面超越了美国，因此一个国家基础科研暂时落后并不可怕，科研转化能力强也是极大的优势。

第四节 "创新资本募集能力"背后的货币政策因素

当第四代经济增长理论将决定经济增长的根本因素聚焦到"创新资本募集能力"和"创新资本总量"之后，我们还应该继续追问，一个国家如何才能具备很强的创新资本募集能力以及如何创造出全球最高的"创新资本总量"呢？这才涉及第四代经济增长理论研究"最核心"的问题。

根据笔者研究，一个国家创新资本的聚集速度是与货币利率因素密切相关的，确切地说是，一个国家的创新资本募集能力与货币利率成正比。一个国家实行较高的货币利率才是导致一个国家的资金向创新领域聚集的核心因素。这也是第四代经济增长理论的核心内容之一。

其实任何一个国家都是拥有大量资金的，美国经济总量高于中国，而且是全球主权货币国家，2008年以后更是长期实行量化宽松货币政策，因此美国拥有的资金总量显然也比中国更多，但为何在2019年前后美国创投资金的总规模被中国超越了呢？其实一个国家拥有多少资金并不重要，资金的流向才重要。只有资金流向创投领域，才可以形成创新资本。如果资金大量流入证券市场，只能形成资本泡沫。那是什么决定资金的流向呢？是货币利率，在笔者的著作中称之为"利率指挥棒"。

笔者曾经提出过"货币流动理论"，认为资金是在"利率指挥棒"的指挥之下流动的，高利率可以让社会资金涌向股权投资，低利率则有利于社会资金涌向信贷消费和证券投资。一个国家只有在比较高的货币利率情况下，民众才愿意将资金用于投资理财，因为只有高利率环境才可以为投资资金提供高额回报。有了高额回报，金融机构才能比较容易募集到资金，而在低利率下，人们宁可将钱花掉，也不会进行投资理财，或是将廉价资金投入高风险领域博得更高收益。

对于一个国家来说，支持创新的主要是股权投资机构，他们的资金也主要来源于其他金融机构，也受到金融利率的影响。高利率环境可以让其他金融机构更好地募集资金，这些机构为股权投资机构提供资金，有了资金才可以更好地去支持创新。但归根结底，创新资本的来源是民众的理财资金，因此民众理财资金的流向非常重要，高利率可以将民众理财资金引导到银行或其他类固定收益领域，成为"创新资本"的基础来源。

2008年金融危机后，中国出现了创业与投资热潮，这是因为当时中国的货币利率高，所以中国的金融是非常活跃的。中国提高利率是为了应对美国量化宽松的热钱溢出导致的通胀，高利率环境下，中国的股权投资机构募集的资金总额也是全球最高的，再加上高达万亿级的产业基金支持，中国出现全球最火热的创新就不足为奇了。比如2019年4月数据，在基金业协会备案的创业投资基金达6975只，管理资产规模为9970亿元。根据美国证券交易委员会（英文简称SEC）发布的2018年第二季度数据，在SEC

备案的创业投资基金846只，管理规模800多亿美元。中国创投基金规模已超过美国，甚至接近美国的两倍。而同年发布的《2019胡润全球独角兽榜》：中国超过美国，以206家比203家领先。2020年全球独角兽企业500强中，中国企业数量和估值居世界第一，分别为217家和9376.9亿美元，连续两年位居全球独角兽企业500强榜首。

历史都是惊人的相似，中国和美国创投行业的崛起都是在高利率的环境下实现的。在美国，创投也是一个非常年轻的行业。美国创投行业的崛起，源于里根时代的高利率，但这不是有意为之的，也是防通胀的结果，美国当时的经济背景是滞涨。相反，美国和日本的创新衰落的经济政策背景也是惊人的相似，都是受到量化宽松货币政策的影响。日本是世界上最早实行量化宽松货币政策的国家之一，日本从互联网时代就开始落后于世界，尽管日本拥有的专利居于世界前列，但这些专利没有创投资金的支持，无法实现产业化，同样一个专利在中国的售价远远高于日本。美国是从移动互联网时代开始实行量化宽松货币政策的，美国在移动互联网时代也是全面落后于中国的，这不是美国的人才不再具有创新精神，而是美国不再有那么多的创投资金去支持他们的创新。相反，中国的头部创投机构很多用的是美元、欧元的资金。

本书中的"创新资本"主要就是指的应用创新领域的资本投入，不包括国家在基础科研领域的投入，国家竞争的背后的核心是民间的、应用创新资本总量的竞争，政府成立的产业基金如果主要用于产业孵化，不是基础科研，主要是通过民间股权机构投资到具体的项目上，也是创新资本的一部分，这部分资金也是导致中国资本总量和独角兽企业数量在2019年前后超过美国的重要原因，但后来随着美国利率上行，我们的创新资本总量被美国反超时，美国又培育出了比我们更多的独角兽企业，这也从相反侧面印证了第四代经济增长理论的正确性。

第五节　影响一个国家货币利率高低的背后因素

我们在前文中提到，影响"创新资本"募集的是一个国家的"利率政策"，那么一个国家的"利率政策"又是由什么决定的呢？笔者认为主要由两方面因素决定：

第一，从根本上看，一个国家的"利率水平"是由"政府债务"的高低决定的。一个国家能够实行多高的利率，主要取决于政府拥有多少债务。政府的债务越高，就越会被动地实行低利率；政府债务越低，才可以实行高利率。笔者将之称为"政府债务是金融利率的天花板"。当一个国家的政府债务大到一定程度后，就会对中央银行利率形成"债务锁定"。当然，这种锁定是一种"低利率锁定"。在这种状况下，中央银行一旦加息，政府债务都会有崩盘的风险。

第二，政府的"宏观经济政策偏好"也是决定利率水平的重要因素。中国与西方国家有着不同的政府经济政策偏好，经济危机来临时，西方国家一般会首选货币政策，主要是通过降低利率的方法治理经济危机，而中国一般首选财政政策，主要通过政府财政投资刺激经济增长，从而走出危机。如果西方选择货币政策，那么货币利率必将在一段时间内维持在低位。

第六节　创新动力学原理——创新资本经济学与熊彼特、鲍莫尔经济创新思想的比较

"创新资本经济学"与熊彼特"创新"思想的差异

在历史上，经济学家熊彼特以研究创新闻名，但是他研究的主要是创新的形式。熊彼特明确指出"创新"的五种情况：（1）采用一种新的产品；

（2）采用一种新的生产方法；（3）开辟一个新的市场；（4）掠取或控制原材料或半制成品的一种新的供应来源；（5）实现任何一种工业的新的组织。熊彼特认为创新就是要"建立一种新的生产函数"，即"生产要素的重新组合"。熊彼特的创新思想受到萨依的影响，他的"创新"与我们传统意义上的"技术创新"不是一回事。熊彼特的"创新"主要是指企业家的"创新"，而非技术人员的创新。

熊彼特对"创新资本"研究得比较少。熊彼特时代的"创新资本"仍然是债权资本，来源是银行，"股权资本"尚未出现，因此熊彼特研究的是"创新经济学"，而笔者研究的是"创新资本经济学"，这是两个不同的研究范畴，不可混淆。熊彼特更加强调创新中"企业家"的作用，而笔者更加强调"股权投资家"和"中央银行货币政策"的作用。笔者的研究比熊彼特更符合这个时代的现实。如今已经不是企业家靠银行贷款创新的时代了，更多的是靠创新资本的支持。

"创新资本经济学"与鲍莫尔创新思想的关系

熊彼特强调"企业家精神"，把"企业家精神"总结为四个方面，分别是：（1）建立私人王国；（2）对胜利的热情；（3）创造的喜悦；（4）坚强的意志。熊彼特认为这种精神是成就优秀企业家的动力源泉，但这些论述遭到了美国经济学家鲍莫尔的否定。2002年，鲍莫尔出版《资本主义的增长奇迹——自由市场创新机器》一书，指出市场的活力源泉并不只是"企业家精神"，企业家不可能突然在某一时刻大量涌现，也不可能突然消失，更合理的是，企业家精神并非稀缺资源，创新创业活动的增长和减少的原因在于纯粹的经济因素——整个"经济体系报酬支付结构"的变化，这个变化背后则是社会制度环境的变迁。企业家精神和资源在"生产性"和"非生产性（寻租）"行为之间进行配置的方式，关键在于制度设计。如果制度安排不巧，企业家精神就会用于大胆的寻租活动，或破坏性活动，而将较少地用于"生产性"的创新活动。企业家并不天然具有创新职能，而是市场竞争迫使其创新。在垄断或鼓励寻租的市场环境下，企业家的创新很可能是"非生产性"的。

鲍莫尔虽然批判了熊彼特对"企业家精神"的盲目吹捧，指出了激发企业家精神的"政策环境"与"报酬支付结构"才更重要，但他没有指出"什么样的政策环境才是最好的"，也没有指出"整个经济体系报酬支付结构"如何设定，而笔者在第四代经济增长理论——创新资本经济学中则给出了回答。笔者提出的"高利率货币政策"就是一种有利于创新的"报酬支付结构"，可以为企业家创新提供良好的政策环境。因此，笔者的研究与鲍莫尔是一脉相承的，也找到了鲍莫尔苦苦追寻的答案，成果解决了鲍莫尔的"报酬支付结构"问题。

从熊彼特到鲍莫尔，我们看到了经济学家对"创新"问题先后经历了从"盲目赞颂"到"科学探讨"的阶段。熊彼特是典型的"感性派"，而鲍莫尔是典型的"理性派"。

从熊彼特身上我们可以看到典型的德国历史学派两位经济学家桑巴特和马克斯·韦伯的"遗风"。面对资本主义的突然崛起，他们总试图用一个单一因素给出解释。一旦认定这个因素后，他们就不惜浓烈的笔墨进行过度渲染。

经济增长的"内驱力"与"创新动力学原理"

经济增长可以分为"内生增长"与"外生增长"，"外生增长"是不可持续的，经济增长最终要依靠"内生增长"，但"内生增长"绝非靠"自由放任"就可以实现，"自由放任"也不可能形成"内生增长"，经济的内生增长需要科学的政策设计。

现代经济增长理论经过几代人的研究，逻辑已经越来越清晰。第二代经济增长理论提出了经济内生增长的前提是"技术进步"，第三代经济增长理论指出了"技术进步"的来源是"知识的边际递增效应",第四代经济增长理论则提出了"创新资本的快速募集"才是推动"技术进步向生产力快速转化"的关键因素,而"高利率货币政策"是推动创新资本快速募集的制度保障,这一套逻辑构成了完整的"创新动力学原理"。

根据笔者提出的"创新动力学原理",一个国家经济增长的根本内驱力是利率,利率越高,经济增长的内驱力越强;利率越低,经济增长的内驱力越弱。经济增长理论本质上也是研究经济增长的内驱力问题。利率关系到资本的利润,资本有了利润才可以去推动企业投资,因此市场经济的核心内驱力是"利率"而非"利润"。

第七章

低利率的危害：论"资本边际收益率崩溃式萧条"

——兼谈"资产负债表衰退"理论的错误

第一节 萧条理论:"资本边际效率崩溃式萧条"与"资本边际效率崩溃式萧条"的区分

现代经济学中有经济周期理论,在很多经济教材中,经济周期又被轻描淡写地说成是"经济波动"。其实,严重的经济萧条是非常常见的,我们应该将经济萧条也作为一个单独的命题进行研究,即我们应该提出单独的经济萧条理论。经济周期理论只能让人们明白经济萧条是怎么产生的,但并不一定因此找到治理萧条的方法,而经济萧条理论则直接研究萧条本身,对治理经济萧条更有作用。凯恩斯正是有了"资本边际效率崩溃"这一重大发现,才使得《就业、利息和货币通论》成为经典著作。凯恩斯的"资本边际效率崩溃"概念就是对萧条本身研究的结果,同样,笔者在本书中提出的"资本边际收益率崩溃"理论也是。

在笔者看来,经济萧条有两种,一种是"资本边际效率崩溃导致的萧条",一种是"资本边际收益率崩溃导致的萧条"。前者是凯恩斯在《就业、利息和货币通论》一书中的主要发现,后者是笔者的发现。

凯恩斯是如何描述"资本边际效率崩溃式萧条"的?

"资本边际效率崩溃"是凯恩斯在《就业、利息和货币通论》中提出的核心概念。20世纪"大萧条"时,凯恩斯依靠"资本边际效率崩溃"的概念打败了哈耶克。凯恩斯研究发现,在经济萧条期间,经济产能处于过剩状态,企业家投资利润是接近于零的,这时无论如何降低利率都无法刺激企业家投资,而哈耶克提出的"企业家会因为低利率过度投资的理论"在大萧条面前成为笑话。经济学界被凯恩斯一统江湖,早期为凯恩斯摇旗呐喊的勒纳、希克斯、卡尔多等学者大部分都是哈耶克在伦敦政经学院的同事或学生，这些人后来成为第一代凯恩斯经济学派的核心。凯恩斯一生最重要的学术创新之一就是提出了"资本边际效率崩溃"的概念，成功地解释了大萧条时"为何廉价货币政策"无效。

凯恩斯在《就业、利息和货币通论》第十三章利率通论中写道"如果资本的边际效率比利率下降得更快，那么投资量也不会增加"；第二十二章写道"降低利率会有帮助，但在目前，资本的边际效率可能崩溃到一定程度，以至于在实际可行范围内，利率无论怎么降低都不能使经济复苏，如果仅仅降低利率就已经是有效的补救方法，而且复苏的方法已经在金融当局的直接控制之下，然而实际上并非如此，使资本的边际效率复苏并不是一件容易的工作，而且决定资本边际效率的，是不受控制、无法管理的市场心理"。

以上两段是凯恩斯《就业、利息和货币通论》一书中的核心内容，凯恩斯并不反对正常经济时期的低利率，只是他认为大萧条期间企业家的"资本边际效率崩溃"会导致低利率货币政策的无效，因此凯恩斯反对经济危机时实行低利率货币政策，而是主张实行扩大财政投资的政策。

"资本边际收益率崩溃式萧条"与凯恩斯提出的"资本边际效率崩溃式萧条"不同，"资本边际收益率崩溃式萧条"是由金融机构因素导致的，而不是由企业因素导致的。当中央银行长时间实行低利率后，社会就会出现普遍性的"资本边际效率崩溃"，当这种普遍性的"资本边际效率崩溃"严重到一定程度后，就会出现"资本边际收益率崩溃式萧条"。"资本边际收益率崩溃式萧条"是指中央银行实行极低利率时期，由于金融机构边际收益率极度下降导致的经济萧条。凯恩斯提出的"资本边际效率崩溃"指的是在经济萧条期间企业家无利可图，笔者提出的"资本边际收益率崩溃"是指信贷类金融机构无利可图，并因此导致整体性的经济萧条。

无论是企业无利可图还是资本无利可图，对整体经济都是有危害的，都会导致经济萧条。企业无利可图往往会引起社会重视，但资本无利可图却少有人研究。实际上，资本无利可图的危害更大，但其不易被发现是因为危害比较隐蔽，甚至有人认为是好事。资本不是慈善家，资本利润低时也会有小部分信用好的企业受益，但绝大部分企业会受害。因为当资本无利可图时，他们就会放弃对实体经济的支持，会导致实体经济整体融资规模的降低。

"融资难"与"融资贵"是企业经常面临的两种情况，往往相提并论，但"融资难"与"融资贵"往往不会同时出现。"融资贵"的时候，金融企业往往主动追着企业服务，也会适度放松信贷标准，各种融资工具也会被创新出来，这时通常不会出现"融资难"；融资便宜的时候，企业才会出现真正的融资难。因为这时金融机构没有利润空间，各种融资机构大量倒闭，企业反而很难融到资金。

第二节　三句话概括"资本边际收益率崩溃式萧条"下的经济局面——兼论外生性通缩问题

笔者习惯用三句话形容"资本边际收益率崩溃"下的经济局面，那就是"银行没钱赚，企业没钱用，民众没钱花"。这三者是环环相扣的。首先是银行没钱赚，这是利差大幅收窄所致。利率越低，利差也就越低，"银行没钱赚"导致银行"躺平"，贷款规模萎缩，有钱也不愿意放贷或放不出去。

另外，低利差下的"严风控"也是导致信贷萎缩的重要原因。信贷供需总量并不完全是供需决定，还受风控等因素影响，这是货币市场的独特之处。利差越低，信贷类金融机构的风控越严，企业越难贷到款，因此低利率环境也可能导致社会融资总规模的下降。

"银行没钱赚"导致的结果就是"企业没钱用"。企业投资扩张主要依靠信贷类金融机构的支持，如果信贷类金融机构不支持企业，企业就没钱用；企业没钱用就不会去进行生产扩张；企业不扩张导致了第三个结果"民众没钱花"。民众消费的资金主要来源于企业投资，如果企业不扩张，民众就没有收入增长，民众必然也就"没钱花"。

"银行没钱赚，企业没钱用，民众没钱花"是"资本边际收益率崩溃式萧条"的社会特征。"资本边际收益率崩溃式萧条"可以影响到社会生活的方方面面，会导致整个社会创富热情下降，出现无欲望社会。

"资本边际收益率崩溃式萧条"不仅影响债权市场，也会影响股权市场。因为股权市场的资本很多来源于债权市场，当债权市场因为低利率失去活力的时候，股权市场就成为无源之水，也会衰落下去。同时，各种投资理财类金融机构也会倒闭。

"资本边际收益率崩溃式萧条"是一种新型萧条，是一种从资本市场蔓延到实体经济，再蔓延到社会民生的萧条。与以往的产业周期或资本市场泡沫导致的萧条完全不同，它不是由内生因素导致的，而是由错误的货币政策导致的。确切地说，它是由低利率货币政策导致的。因此，这种萧条主要出现在长期实行低利率政策的经济体，以日本为典型，这种萧条并不像其他萧条来得那么剧烈，因此也并不容易被发现。正是因为不容易被发现，所以"资本边际收益率崩溃式萧条"出现后会持续很久。这是由于人们已经习惯了将降低利率作为经济刺激的手段，如果低利率不管用，就继续降低，直到降到零利率。如果零利率还不管用，就会实行量化宽松。政策制定者不知道的是：低利率才是导致"资本边际收益率崩溃式萧条"的源头，因此也只有提高利率才可以走出萧条。继续降低利率，或是实行更加宽松的货币只会让萧条更加严重。只有提高利率才可以提高信贷类金融机构的积极性，才会让资本市场重新恢复活力，从而让整个社会重新恢复活力。

资本边际收益率崩溃与外生性通缩

"资本边际收益率崩溃式萧条"还往往与通缩相伴，而且这种通缩非常明显，比如日本经济"失去的三十年"就与通缩相伴。这种通缩属于"外生性通缩"，是货币政策导致的外生性通缩。按传统货币理论，通缩是发行货币过少导致，但"资本边际收益率崩溃式萧条"则正好相反，不是发行货币过少，而是有效货币过少，是低利率导致货币流动速度过慢，导致有效货币过少而产生的通缩。

第三节 "资本边际收益率崩溃"的深层危害是扭曲了正常的"社会报酬支付结构"

"资本边际收益率崩溃式萧条"的直接原因是"廉价货币政策"，间接原因是"货币政策与金融机构激励不相容"，但最根本的原因还在于其破坏了社会正常的"报酬支付结构"。一个经济体的正常运行是依靠一个合理的"报酬支付结构"来维持的，"廉价货币政策"是人为压低货币的市场利率，人为降低信贷资本的收益，人为打破正常的"资本报酬结构"。然而，资本是经济增长的底层驱动力量。资本收益没有了，就不再去支持实体经济发展。资本运转不畅，整个社会创造财富的热情就会随之消失。

马克思在《资本论》一书中指出："资本害怕没有利润或利润太少，就像自然界害怕真空一样。一旦有适当的利润，资本就胆大起来，有20%的利润，它就蠢蠢欲动；有50%的利润，它就铤而走险；为了100%的利润，它就敢践踏一切人间法律；有300%的利润，它就敢犯任何罪行，甚至冒绞首的危险。"经济正常发展需要活跃的资本，"廉价货币政策"却是在抑制资本的活跃性。

在传统观念中，实体经济比金融市场更重要，但这里面可能存在误解。

金融市场分为两种：一种是投融资市场；一种是投机市场。投机市场对实体经济贡献有限，但是投融资市场对实体经济的贡献则是巨大的。我们不能单方面地将金融市场等同于投机市场，投融资性金融活动也是生产性服务业的一个重要组成部分。

如果将经济比喻为一辆汽车的话，资本就是"发动机"，企业家就是"车轱辘"。当经济减速时，我们应该启动发动机，而不是去推车轱辘。一个国家如果不解决"资本边际收益率崩溃"的问题，而单方面弘扬企业家精神，就像是"只推车轱辘，而不启动发动机"。

即使是谈到企业家精神，现代经济学对企业家精神的研究，早就超出了当年熊彼特的粗浅理解。经济学家鲍莫尔认为"企业家精神并非稀缺产物，不会忽然增加，忽然减少，最重要的是理顺一个国家的报酬支付结构"。关于"如何理顺报酬支付结构"鲍莫尔并没有过多展开。笔者认为，一个国家最重要的报酬支付结构就是资本收益结构，一个有效的市场必须让资本有合理收益才行，资本是经济发展最根本的驱动力。资本收益率越高，经济就越活跃；资本收益率越低，经济就越萎靡不振。当资本边际效率崩溃时，经济就会陷入完全的停滞不前。

企业融资分为股权融资和债权融资两部分，如果我们不从股权融资和债权融资两个方面帮助企业家解决困难，空谈企业家精神是没有意义的。而要解决企业家的融资问题，就必须纠正"被扭曲的资本收益率"，让金融机构积极地支持实体经济，这才是重塑经济活性的根本之道。具体做法就是提高利率，提高资本收益率，避免"资本边际收益率式萧条"的进一步深化。

"廉价货币政策"是基于错误理论设计出的错误政策，其结果必然是事与愿违。凯恩斯在《就业、利息和货币通论》中证明了"廉价货币政策"在经济萧条时期是无效的，笔者在本文中又指出了"廉价货币政策"在正常经济时期也是无效的。"廉价货币政策"不仅无效，而且可以通过扭曲一个国家正常的经济报酬结构，使整个社会失去创造财富的积极性，从而对国家产生长期危害。因此，"廉价货币政策"是一个对社会有害的政策，应该退出经济决策的历史舞台。

凯恩斯在《就业、利息和货币通论》中认为低利率有利于消灭"食利阶层"。凯恩斯指出"当社会的资本量增加到一定程度，使资本变得不再稀缺时，投资者就不能坐收渔翁之利了，这时候食利阶层就会慢慢消亡，资本主义制度将会大为改观"。

其实从经济增长的角度看，如果一个国家有一个稳定的"投资群体"，特别是有一定抗风险能力的投资群体的存在，也是资本市场正常运行的保障。当然，社会投资群体的正常投资行为也是以一定的收益空间为依托的，在社会经济增长还没有到达极限，社会还需要资本投资的情况下，政府不宜人为缩小这一群体的收益空间。当今人类社会还远远没有到达让食利阶层消失的阶段。

第四节　日本经济萧条并非"资产负债表衰退"，也是"资本边际收益率崩溃式萧条"

日本当年出现的"无欲望社会"就是典型的"资本边际收益率崩溃式萧条"。日本实行了长达二三十年的低利率、零利率货币政策，并没有促进其经济发展，反而导致了长期的经济通缩，社会也进入了"无欲望社会"。美国在实行量化宽松期间也没有出现企业投资明显增加的情况。

在解释日本"失去的二十年"中，辜朝明的"资产负债表衰退"理论流传甚广。在笔者看来，日本经济衰落的原因从来就不是因为"资产负债表衰退"，而是"资本边际收益率崩溃"。"资本边际收益率崩溃式萧条"曾长期影响日本，辜朝明并没有正确总结日本经济的教训。

"资产负债表衰退"并非创新理论。大萧条时期，经济学家费雪提出的

"债务—通缩"理论以及后来明斯基的"债务三阶段"理论就包含了这些内容。任何一个国家在经济萧条后，都会出现一段时间的"资产负债表衰退"，但企业修复资产负债表不需要二三十年的时间，二三年足够，甚至更短。

企业的"负债率"和"市盈率"等概念都是动态的，没有绝对的标准。一个没有竞争力的企业负债百分之一是多的，一个有竞争力的企业负债百分之百也不多。另外，企业负债的高低与经济萧条或繁荣的大环境有关。如果经济萧条持续时间比较长，企业就需要修复资产负债表；如果萧条发生后，经济恢复得快，企业根本不需要修复资产负债表。例如2008年全球经济危机爆发后，中国因为危机应对合理，中国企业就没有出现资产负债表修复过程，反而继续扩张资产负债表，也就是"修复资产负债表"并非一个必然过程。

而且现有企业的"资产负债表"也不一定影响一个国家的兴衰，一个国家的经济发展需要新旧更替。老企业过度负债，甚至倒闭都很正常，经济增长关键是看有多少新企业成长起来。日本经济的问题就在于没有新企业成长起来，当然这也与日本长期实行低利率货币政策有关。根据我们前面章节提出的"第四代经济增长理论"，一个国家要实现"创新式增长"是需要高利率货币环境做基础。中国和美国创新最活跃的时候，都是实行的高利率货币政策；日本长期实行低利率货币政策，当然不会出现大规模的创新，其在新兴产业方面的落后也是必然的。

在一个陷入"资本边际收益率崩溃式萧条"的国家，低利率或零利率一天不解除，"资本边际效率崩溃"的局面一天不解除，经济就很难走出通缩，社会融资规模也很难上升，经济也不会出现繁荣。低利率短期催生出的股市泡沫也会因为缺乏经济基本面的支持而昙花一现，最终会出现经济和股市双低迷的状况。这种情况还会波及到股权投资领域，导致股权融资规模下降，最终损害国家的创新能力和长远增长能力，同时，民众的创富热情消失，整个国家会陷入"无欲望社会"。

第五节　经济调控一定要分清是"资本边际效率崩溃式萧条"还是"资本边际收益率崩溃式萧条"

不少国家的中央银行都存在一个思想误区，那就是经济不好就降息；如果经济还不好，就认为是降息的力度不够，随之零利率、负利率货币政策轮番上阵；如果经济还不好，就启动量化宽松，结果很可能是"货币政策一番操作猛如虎"，经济却毫无起色。它们从没有想过，经济不好很可能就是降息所致，可能从中央银行"降息"的一刹那就注定了经济不会好。笔者提出的"资本边际收益率崩溃式萧条"理论则可能彻底扭转各国中央银行的想法。

世界各国中央银行的货币政策是有周期性的，利率有时高，有时低，但各国中央银行实行高利率货币政策大多是"被动"的，即使在实行高利率货币政策的时代，它们也从来没有认识到高利率的好处。大多数情况下，高利率不会摧毁经济，而会为经济繁荣打下良好基础。里根时代的高利率为克林顿时代的新经济繁荣和美国股权投资的崛起奠定了基础；中国实行高利率时期也创造了全世界最大的PE/VC总规模和全球最多的独角兽企业数量，当时这些核心经济指标，中国都是超过美国的，而随着美国进入加息通道，中国进入降息通道，在PE/VC总规模和独角兽数量两大指标上，中国又被美国重新超越。

日本经历过"无欲望社会"，这是因为日本实行了长期低利率货币政策。低利率货币政策导致的"资本边际收益率崩溃"从源头上消灭了人们创造财富的热情。只有实行"最优中央银行货币利率"，才可以让资本有合适的收益率，才可以达到"银行有钱赚，企业有钱用，民众有钱花"的完美经济状态。

笔者将经济萧条分为两种：一种是企业的资本边际效率崩溃导致的萧

条；一种是资本边际收益率崩溃造成的萧条。当前，许多国家的中央银行之所以陷入"只懂降息"的被动局面，从根本上说，就是因为它们认为世界上只有一种萧条，那就是企业的资本边际效率崩溃导致的萧条。其实，凯恩斯在《就业、利息和货币通论》中指出，真正出现"企业资本边际效率崩溃式萧条"时，降息是没有用的。

"资本边际收益率崩溃式萧条"与传统经济危机不同，它是一种新式萧条，它不是内生的，而是由廉价货币政策导致的"外生性萧条"。当社会出现了"资本边际收益率崩溃式萧条"时，降息只是"反向用力"。因为这种萧条本身就是"降息导致"，"反向用力型经济政策"只会将经济推向更糟糕的局面。

因此，世界各国的中央银行在治理经济萧条时，一定要辨证施治，一定要先分清楚面临的是"资本边际效率崩溃式萧条"，还是"资本边际收益率崩溃式萧条"。这两种萧条的形成原理不同，治理方法相反，千万不可"反向用力"。

第六节 "廉价货币政策"为何在大萧条退出历史舞台后又起死回生？

凯恩斯在《就业、利息和货币通论》中利用"资本边际效率崩溃""灵活偏好"等概念否定"廉价货币政策"之后，"廉价货币政策"在很长的时间内变得臭名昭著，一度退出历史舞台。这个时期凯恩斯主张的"财政政策"成为主流。弗里德曼在1968年发表的《货币政策的作用》论文中写道"大约20年来，大家都相信货币政策已经被新的知识淘汰了，货币政策无关紧要了"，而且弗里德曼认为"这些见解在经济学同行中被普遍接受"。我们从弗里德曼的论述就可以看出凯恩斯的理论在当时是多么有影响力。

然而奇怪的是"廉价货币政策"在"二战"后又奇迹般地复活了，最先复活"廉价货币政策"的并不是弗里德曼，<mark>而是凯恩斯学派的萨缪尔森。这还得从"菲利普斯曲线"说起</mark>。菲利普斯曲线由新西兰经济学家威廉·菲利普斯于1958年在《1861—1957年英国失业和货币工资变动率之间的关系》一文中最先提出的。菲利普斯曲线本来论述的是失业与工资变动之间的关系，后来，萨缪尔森和索洛两人将菲利普斯曲线改造为通胀与失业之间的关系，并写入经济学教材。被改造后的菲利普斯曲线证明了通胀和失业具备负相关关系，因此有人提出"容忍一定程度的通胀有利于减轻失业"的观点。"菲利普斯曲线"从一个"经验总结"摇身一变成为"经济增长理论"，而要形成通胀就必须依赖"廉价货币政策"，这是萨缪尔森和索洛的新突破。被改造后的菲利普斯曲线本质上是反凯恩斯主义的，更重要的是，其变相复活了凯恩斯排斥的货币政策。

真正让"廉价货币政策"起死回生的是弗里德曼。弗里德曼在《美国货币史》中用统计方法证明了大萧条时期虽然降低了利率，但是货币数量并不充足，货币数量甚至减少了三分之一。弗里德曼的统计结论对美联储的货币政策影响极大，并且弗里德曼对"廉价货币政策"进行了"改头换面般的升级"。弗里德曼之后的"廉价货币政策"不再局限于"实行低利率政策"，而更在于"扩大货币数量"，即后来的"直升机撒钱"主张的出炉。此前美国频繁实行的量化宽松货币政策即与弗里德曼的研究一脉相承。<mark>在这点上，伯南克与弗里德曼高度一致。伯南克是弗里德曼货币主张的忠实执行者。</mark>

以上无论是萨缪尔森还是弗里德曼，他们恢复"廉价货币政策"都是基于经验或统计，他们都没有为"廉价货币政策有效性"建立新的理论依据，他们也没有从理论上否定凯恩斯对"廉价货币政策"做出的批判。其中，萨缪尔森是凯恩斯学派的领军人物，他当然不会反对凯恩斯；弗里德曼虽然从其他方面反对了凯恩斯，但从没有对凯恩斯的"资本边际效率崩溃"和"流动性陷阱"等核心概念进行过任何批评，毕竟这两个概念是有现实基础的，是对现实情形的真实总结。一个理论可以被推翻，一个概念则很难被推翻。弗里德曼最重要的论文《货币政策的作用》批判的也不是凯恩斯，而是新古典综合派的菲利普斯曲线，确切地说，是"被异化"之后的菲利普斯曲线。菲利普斯曲线被当作经济增长理论使用本身就是一个错误。

"廉价货币政策"轻松回归的理论基础是什么？

"廉价货币政策"能够轻松回归，最直接的原因在于凯恩斯只是否定了"廉价货币政策"在大萧条时不可行，并没有否定在正常经济时期不可行。凯恩斯本人更多是从"资本边际效率崩溃"和"灵活偏好"的角度证明低利率货币政策不可行。流动性陷阱是希克斯的推论，而凯恩斯自己并没有意识到。

"廉价货币政策"轻松回归最根本的原因还在于其"理论基础"——瑞典学派累积过程理论，没有得到彻底清算。在20世纪二三十年代，无论是当时的奥地利学派，还是早年的凯恩斯，都曾经是"廉价货币政策"的支持者，而且他们都有共同的理论基础，那就是瑞典学派维克塞尔提出的"累积过程理论"。"累积过程理论"是凯恩斯经济学诞生之前经济学界最火的理论之一，他的提出者维克塞尔也被称为"北欧的马歇尔"，但他在当时的影响力实质上是超越马歇尔的——20世纪二三十年代，马歇尔已经变得无人问津，而维克塞尔却如日中天。

"累积过程理论"构建的是"市场利率"与"自然利率"的模型，我们可以将其通俗地解释为当市场利率高于企业家利润率时，企业家就缩减投资，经济走向萧条；当市场利率低于企业家利润率时，企业就增加投资，经济就走向繁荣。瑞典学派的"累积过程理论"后来也被称为"货币均衡论"，这个理论研究的是利率影响下的投资均衡问题，是微观经济学中"均衡研究"在宏观经济学中的滥觞，是瑞典学派领军人物维克塞尔在欧洲游学期间受到当时流行的"一般均衡"的启发而提出的一种理论。但维克塞尔的货币均衡论与马歇尔、瓦尔拉斯等的供需均衡完全不是一回事。这个理论不研究供需，只研究不同利率对企业家投资的影响。货币均衡论是宏观经济学诞生初期最具代表性的理论之一。

凯恩斯虽然解释了大萧条时期货币政策的无效性，但并没有对瑞典学派"累积过程理论"进行批判，甚至凯恩斯一直认为在正常经济情况下，"廉价货币政策"还是有效的，因此"累积过程理论"在经济学界一直被默认为正确的，即使到了现在，"累积过程理论"虽然在经济学中已经不再强调，但从实质上一直是各国中央银行制定货币政策的基础理论之一。"累积过程理论"一天得不到清算，"廉价货币政策"就永远不会彻底消失。

在本书前面的章节中，笔者指出了"累积过程理论"有巨大的缺陷，那就是它隐含假设货币市场只存在"中央银行—实体经济"二元主体，但**现实货币市场是由"中央银行—信贷类金融机构—实体经济"三元市场主体组成。如果中央银行的货币政策与信贷类金融机构不能实现激励相容，中央银行释放的货币根本就不可能到达实体经济。这也是实行低利率货币政策的国家经常出现失败的原因，即中央银行默认的理论模型出了错误。**信贷类金融机构是给企业放贷的直接主体，是提高社会融资规模的主体，这一群体的利益必须得到重视。金融市场不是需求决定供给，也是供给决定需求。融资成本过低看似补贴了企业，实际上伤害了信贷类金融机构，最终的结果是社会"有效货币供给"的降低。

第八章

动态货币数量论

——基于"发行货币"与"运行货币"概念的货币周期研究

第一节 "动态货币数量论"与"货币周期"理论的提出

弗里德曼曾经非常渴望建立动态货币理论，他曾经指出，当前货币理论的最薄弱、最不令人满意的部分就在于货币动态分析领域之中，在这个领域之中我们从来没有形成过一种可以被恰当地称为货币动态分析理论的理论。

客观说，弗里德曼如果认为"货币数量论"是正确的，那他永远无法建立"动态货币数量论"。因为这两种理论从某种程度上来讲是对立的。在货币学历史上，"货币数量论"与货币信用创造理论一直处于对立与斗争状态，而笔者提出"动态货币数量论"就是为了统一这两种研究路线的研究成果。

为了更好地解释"动态货币数量论"，我们提出两个与货币有关的新概念，分别是"发行货币"与"运行货币"，以避免与现有的"基础货币""狭义货币""广义货币"等概念相混淆。"发行货币"就是印刷出来的货币，在经济学上也称为"外生货币"；"运行货币"是经过银行以及其他金融机构信用创造后的货币，"运行货币"的数量始终是动态的，我们的"动态货币数量论"主要针对的是"运行货币"。

运行货币总量＝发行货币进入经济体系运行的部分＋经济体系内生出来的信用货币

在此，我们还要提到另外两个概念："货币供给"和"有效货币供给"。中央银行印刷的货币是"货币供给"，但不一定成为"有效货币供给"，只有实际在经济体系中运行的货币才是"有效货币供给"。"运行货币"和"有效货币供给"两个概念是相同的，只是看问题的角度不同。如果"货币流通速度"降为零，"有效货币供给"也将变为零。

动态货币数量论下的货币数量定律是：货币越用越多，越不用越少。其背后的原理是：金融机构发放的货币贷款越多，派生的存款也就越多，运行货币的总量也就越多；贷款越少，派生的存款就越少，运行货币的总量也就越少。货币的运行效率主要取决于货币的流通速度，货币流通速度越快，货币的运行效率就越高。

"运行货币"的多少不是由中央银行发行货币的数量决定的，而是由宏观经济周期和宏观经济政策共同决定的。在不考虑宏观经济政策的情况下，"运行货币"什么时候会变多，什么时候会变少，也是有规律的。也就是说，货币运行也存在一个类似"宏观经济周期"的"货币周期"，而且"货币周期"一般是与"宏观经济周期"同步的。货币周期表现为：经济繁荣时，运行货币自动增加；经济萧条时，运行货币自动减少。"运行货币"的数量随着宏观经济的扩张而扩张，随着宏观经济的收缩而收缩。运行货币的数量不仅是动态的，而且呈现出周期性特征。货币周期是一个与宏观经济周期同步的周期。货币周期是内嵌在宏观经济周期之中的。这两个周期的关系是，宏观经济周期是"因"，货币运行周期是"果"。这就要求我们在考虑熨平经济周期时，也要考虑熨平货币周期。

以前，经济学界只谈"经济周期"，没有单独提出"货币周期"的概念；只谈"发行货币"，很少谈"运行货币"的概念；只谈"货币供给"，而不谈"有效货币供给"，导致人类对货币的理解出现了偏差。当我们用动态货币数量论将这些概念建立起来后，就会更容易看清货币运行的规律，才可以更好地指导货币政策的制定与实施。

第二节　有效货币通胀理论与"货币数量论"的破产
——对"量化宽松悖论"的解释

量化宽松货币政策属于极度的货币宽松，按传统理论，这种货币超发会造成投资的增加和通胀。当这两种结果都没有出现时，笔者称为"量化宽松悖论"。

量化宽松无法引起通胀的原因

根据本书的理论，我们认为量化宽松增发的是"发行货币"，"发行货币"只有转化为"运行货币"才可以形成真正的"有效货币供给"。"发行货币"转化为"运行货币"是需要条件的，这种条件就是企业和政府去使用这些货币。但是经济危机时期，企业是没有投资意愿的，政府如果也不进行投资的话，"运行货币"的总量就不会增加太多。另外，量化宽松造成了低利率，商业银行信用创造能力变差，也导致了有效货币更少，当然不会出现通胀。

我们可以用货币生产"第一车间"和"第二车间"的理论来解释。量化宽松只是增加了"第一车间"的货币生产，而对"第二车间"的货币生产不起正面作用，甚至还会起到抑制作用，因此量化宽松并不是必然造成"有效货币供给"的增长。因此量化宽松如果作为短期政策实行是不会造成通胀的。即使出现了少量通胀，经济萧条过后，经济繁荣来临，中央银行再退出量化宽松，总体上可以维持"运行货币"的总量不变，也就不会有通胀的产生。当然，长期的量化宽松除外。

实际上，美国几轮量化宽松都没有出现大幅通胀。新冠疫情以及俄乌冲突之后，美国出现了通胀，这主要是由于全球供应链不畅和能源价格上涨造成的。

笔者在货币学上提出了"动态货币数量论"。"动态货币数量论"与传统的静态货币数量论看待通胀的方式不同。"动态货币数量论"认为通货膨胀只与"运行货币"的数量直接相关，与"发行货币"的数量并不直接相关，只是间接相关。而"运行货币"的主要制造者不是中央银行，而是商业银行。

发行货币与运行货币的背离与货币数量论的破产

按照传统静态货币数量论，发行货币增加时，经济应该出现通胀；发行货币减少时，经济应该通缩。但现实情况并非如此。货币宽松的时候也可以出现通缩，比如日本实行了二三十年的零利率和量化宽松，经济却一直处于通缩状态，这是传统货币数量论解释不了的。这也标志着货币数量论在现实中的破产。

在动态货币数量论看来，货币增加与通胀出现背离，背后是发行货币与运行货币的背离。发行货币增加时，运行货币可能增加，也可能减少；发行货币减少时，运行货币可能减少，也可能增加。发行货币与运行货币的增减趋势并不一定是一致的，出现背离非常正常。在这种情况下，静态货币数量论当然要破产了。发行货币与运行货币在增长趋势上的背离是货币数量论破产的根本原因。

有效货币通胀理论

动态货币数量论认为，决定通胀与通缩的不是发行货币的数量，而是运行货币的数量，只有运行货币才是有效货币，通胀与通缩只与有效货币的数量是一致的，这两者从来不会背离。如果"有效货币供给"的数量很高，经济必然通胀；如果"有效货币供给"的数量很低，经济必然通缩。而且"有效货币供给"的数量与"发行货币"并不相关。传统货币数量论在很多时候都是与现实不符的，而有效货币通胀理论可以解释绝大部分通胀与通缩的情况。

对于经济学研究来说，通胀与发行货币增加的背离与当年的"滞胀"现象一样，具有极其典型的意义。

发行货币与运行货币背离的原因

决定"有效货币供给"的不是中央银行的货币发行数量，而是取决于中央银行的利率政策。根据我们前面的分析，当中央银行发行货币数量一定的情况下，较高的利率反而可以创造比较高的有效货币供给，相反，如果利率很低，即使发行货币数量有所扩大，有效货币供给仍然很低。商业银行是创造有效货币供给的主体，而商业银行的信用创造受到利率的激励。利率的激励效应越强，利率越高，商业银行的信用创造能力越强，有效货币供给越高；利率越低，商业银行的利率激励效应越弱，有效货币供给数量也越低。

当出现发行货币比较多，而经济仍然通缩的情况，往往是因为货币利率太低，商业银行信用创造能力减弱，货币流通速度减慢，导致了有效货币供给的减少；当出现发行货币比较少，经济仍然通胀的情况，往往是因为货币利率比较高，商业银行的信用创造能力增强，货币流通速度较快，导致有效货币供给比较大。有效货币通胀理论可以很好地解释通胀通缩与发行货币数量不一致的情况。

通胀是货币现象吗？

弗里德曼有一句名言："通货膨胀在任何地方都是货币现象。"这句话默认的通胀其实是"货币超发现象"。弗里德曼说的正确吗？根据笔者提出的"内生性与外生性通胀理论"，可以肯定通胀并不完全是通胀现象，比如内生性通胀就不是货币现象，因为生产要素短缺造成的外生性通胀也不是货币现象。只有因为货币因素引起的通胀才是货币现象。但即使是货币因素引起的通胀也要辨证来看。如果是因为货币流通速度增加引起的通胀则不是货币超发现象，而弗里德曼所谓的"通胀是一种货币现象"在很多时候是不成立的。

量化宽松无法引起投资增加的原因

量化宽松无法引起投资增加主要有两个方面的原因。第一个原因是凯恩斯总结的"资本边际效率崩溃"造成的。在经济危机时，大部分产品都是过剩的，企业家的新增投资是没有效益的，凯恩斯在《就业、利息和货币通论》中称为"资本边际效率崩溃"。在这种情况下，无论多低的信贷利率都无法刺激企业扩大投资。

量化宽松无法引起投资增加的第二个原因是信贷类金融机构的激励不相容。量化宽松会导致货币利率的降低，信贷类金融机构的收益会下降，它们没有足够的动力去给企业发放贷款，同时，低利差也无法覆盖信贷风险，在这种情况下，信贷总量会降低。这种情况笔者称之为"资本边际收益率崩溃"。

由于以上两种原因，量化宽松并不能引起投资增加，但量化宽松货币政策也并非一无是处。量化宽松放出的天量货币很快进入资本市场，可以避免资本市场的崩溃以及由资本市场崩溃导致的经济进一步萧条。这是量化宽松唯一可以发挥作用的地方。

经济学中与"有效"相关的其他概念

亚当·斯密在《国富论》第七章"论商品的自然价格与市场价格"中最早提出了"有效需求"的概念，以与"绝对需求"相区分，然而这一概念被长期忽略。后来，马尔萨斯又提出了"有效需求不足"的概念，这一概念后来被凯恩斯发扬光大，成为宏观经济学的重要概念。"有效需求"的概念使人们看清了需求与宏观经济的联系，可惜的是，"有效需求"这本应该成为宏观经济学核心的概念目前在主流的微观和宏观经济学中都已式微，就连凯恩斯学派的萨缪尔森、克鲁格曼等学者的教材中都没有踪迹，这不得不说是巨大损失。

经济学中还有一个与"有效"相关的概念，就是"有效竞争"。1940年6月，美国经济学家克拉克在《美国经济评论》上发表了《关于有效竞争的概念》一文。他针对"完全竞争"概念的非现实性，提出了"有效竞争"的概念，主张以"有效竞争"来代替"完全竞争"的概念。所谓"有效竞争"，就是既有利于维护竞争，又有利于发挥规模经济作用的竞争。他认为多样化的竞争手段可以解决"马歇尔冲突"。这是一个极具智慧的概念，在笔者看来，"有效竞争"才是微观经济学最核心的概念，才是微观经济学最应该强调的概念，但是这么好的概念却一直被雪藏。这是因为现代经济学多是直接继承的英国经济学，导致德国历史学派和美国制度学派的很多好的经济学概念和理论都没有进入经济学教材。这也是笔者一直批判萨缪尔森不是"通才"的原因之一。

同样，笔者在本书中提出了"有效货币"与"有效货币供给"的概念，并且提出"有效货币供给"才应该成为货币学的核心概念。有了"有效货币供给"的概念，静态的货币数量论才可以发展成动态货币数量论，人类才会真正看懂货币的运行逻辑。

其实弗里德曼之前，货币的信用创造理论就已经非常盛行。对于是否应该将贷款看作货币，弗里德曼也曾犹豫过，但他最终选择了不将贷款看作货币的保守力量，走向了强化静态货币数量论的道路。这也让其理论具有了巨大的局限性。

李嘉图、马歇尔和凯恩斯的著作中也零星地出现过"有效货币"的词汇，但他们更多的是指没有被窖藏而是被真正使用的货币，相当于"在使用货币"的概念，与本书中的"有效货币供给"有着本质的区别。本书中的有效货币不仅是运行货币，还包含了银行的信用创造货币，这是早期经济学家探讨比较少的。

第三节　货币研究中"两种路线"的比较

"货币数量论"是很早的理论，法国重商主义者波丹因为对货币数量论提出了较多系统的观点，被公认为货币数量论的创始人；英国重商主义者托马斯·孟将货币数量论扩大应用于货币的对外价值，成为后来货币购买力平价学说的起源；后来，李嘉图、穆勒等经济学家都坚持了货币数量论。与货币数量论并行的还有"货币面纱论"。货币与商品的交换实质上是商品与商品的交换，货币本身没有价值，它只不过是一种便利交换的手段，对经济不发生任何实质性的影响，货币就像罩在实物经济上的一层面纱。当人们看不透这层面纱，认为货币本身也有价值时，就会产生货币幻觉。

银行和中央银行的出现对货币数量论的冲击

其实，无论是"货币数量论"还是"货币面纱论"在"银行时代"之前都是正确的。自从有了银行，有了货币的"信用创造"后，货币数量论就失去了意义，静态的货币数量论已经破产。因此，我们需要在"静态货币数量论"的基础上，吸收信用创造理论的精华形成"动态货币数量论"，这样才可以达到"货币数量论"与"货币信用创造理论"的统一。而"发行货币"和"运行货币"这两个概念就是构建这种理论统一的桥梁。

不仅"银行的出现"对"货币数量论"有冲击，"中央银行的出现"也对"货币数量论"产生了极大的冲击。有了中央银行之后，货币的价格受中央银行控制，中央银行是"货币批发价格"的制定者，货币市场更多体现为"批发价格决定零售价格"，"零售价格再决定货币供需"，而非"货币供需决定货币价格"。因此，"货币数量论"遭遇了中央银行的货币价格调控，其作用就很小了。如果人类回到没有出现"银行"和"中央银行"的年代，"货币数量论"是毫无争议的。银行的出现让货币数量由固定的变成了动态的，而中央银行的出现，将货币的价格变成"法定"，在银行和中央银行的双重冲击下，"货币数量论"已经千疮百孔，在现实中已经变得意义不大了。

货币信用创造论的历史

费雪在1911出版的《货币的购买力》一书中写道："货币数量说在成为政治争论的问题以来，被看作谬论而遭人抛弃。"弗里德曼在1956年发表《货币数量论：一种重新表述》的论文中写道："1929年大崩溃以及接踵而至的大萧条以后，货币数量论就显得声名狼藉了，直至最近才慢慢地恢复学术声誉。"进入现代社会之后，人类早就摆脱了早期"货币数量论"的束缚，货币学研究的主流一直沿着"货币信用创造"的方向进行。桑顿、麦克劳德、熊彼特、费雪的货币理论都是基于"货币信用创造"理论的，马克鲁德在其《信用的理论》一书中早就明确提出"银行的本质是信用的创造和发行，所以银行绝不是借贷货币的店铺，而是信用的制造厂"。美国经济学家费雪提出的"债务通缩"理论也是与信用创造论一脉相承的，不过早期的"信用创造论"者更多强调的是经济危机爆发之前"信用扩张"对经济危机的作用，而费雪则重点阐述了经济危机爆发之后"信用收缩"对经济危机的影响。

弗里德曼回归"货币数量论"，是抹杀了前人的大量研究成果，将货币研究重新拉回了"中世纪"，本质是货币理论研究的一种严重倒退。理性预期学派又从理性预期角度强化了"货币中性说"，更是导致了货币理论研究的又一次倒退。后来，凯恩斯学派的卡尔多、温特劳布、莫尔等学者为了对抗"货币数量论"的逆流，提出了"内生货币理论"，算是对人类货币研究的一种"拨乱反正"。

"内生货币理论"本质是货币信用创造论的延续，但是观察视角不同。"信用创造论"是一种仅仅基于"银行视角"的微观观察，"内生货币理论"

则是基于"整体经济"的宏观观察。笔者提出"货币周期"和"动态货币数量论"同样也是对整个宏观经济的观察，特别是对货币在经济周期中如何运行的观察。但笔者又以"运行货币""有效货币"的概念融合了"货币数量论"的分析范式，让"货币数量论"从"静态化"走向"动态化"，让其重新焕发生命力。这与"内生货币学派"强调的与"货币数量论"的绝对对立是不同的。

第四节 用"动态货币数量论"解释量化宽松为何效果不佳？

量化宽松货币政策是弗里德曼货币学派"直升机撒钱"理论的应用，弗里德曼"直升机撒钱"的策略来源于1969发表的《最优货币量》论文中。弗里德曼假设了这样一个场景：一架直升机飞过社区上空时撒下美元钞票，这些钱被居民捡走，他们将此视为意外之财并进行消费，带来实际产出增加，从而助推经济增长。"直升机撒钱"理论由此出炉。美联储前主席本·伯南克是"直升机撒钱"理论的忠实倡导者。他曾对"直升机撒钱"的运作机制进行详细阐述，将其命名为"货币化融资的财政计划"，认为这是中央银行刺激经济增长和避免通缩的终极武器。

伯南克在2002年的一次演讲中大肆宣传弗里德曼的这一主张，而被媒体称为"直升机本"。日本政府较早实施量化宽松货币政策，2008年全球金融危机之后，量化宽松成为全球通用的一个货币工具。此后，"增发货币"已经成为西方国家拯救经济危机的常态。

量化宽松货币政策效果有限，这里面的原因在于弗里德曼并没有区分"发行货币"和"运行货币"的异同。量化宽松增加的只是"发行货币"，而非"运行货币"。"发行货币"的增加并非一定就会造成"运行货币"的增加，而且还可能会造成"运行货币"的减少。因为"运行货币"的构成不仅包含中央银行这个货币生产"第一车间"产生的货币，还包括商业银行这个货币生产"第二车间"产生的货币。经济危机时，商业银行这个货币生产"第二车间"如果停止了生产，那"运行货币"的总量仍然是下降的，因为"第二车间"才是货币生产的主力。

这中间需要企业和政府有投资贷款的意愿和商业银行的利率激励才能实现"发行货币"向"运行货币"的转化。在经济危机时，企业的投资意愿是下降的；量化宽松导致的低利率也与商业银行无法实现激励相容，这是"发行货币"无法向"运行货币"转化的原因。量化宽松时，"发行货币"无法转化为"运行货币"，经济当然不会恢复增长。这时"发行货币"更多的是转化为"投机货币"。"投机货币"是"运行货币"体系之外的另一种货币形式，只会造成股市泡沫。

在许多国家，政府也是与企业同等重要的投资或贷款的主体，"发行货币"可以通过"政府投资"直接转化为"运行货币"，因为政府贷款也可以促进"第二车间"的货币生产；在美国，投资的主体是企业，如果企业没有投资贷款的意愿，"第二车间"的货币生产就会停滞，"发行货币"增加就无法转化为"运行货币"，因此量化宽松货币政策就无法起到作用。

弗里德曼研究大萧条，观察到了"运行货币"的减少，但是他错误地归因于美联储的货币紧缩。当然，美联储的货币政策确实有瑕疵，但大萧条期间货币数量减少的罪魁祸首肯定不是美联储。除了我们上面指出的原因，还有凯恩斯所指的"流动性偏好"。"流动性偏好"的概念普通人很难理解，我们可以用另外一个词进行替代，这个词就是"现金为王"。这背后是人类的非理性情绪在作怪。弗里德曼只看到了结果，没有分析清楚原因。经济危机时，单纯增加"发行货币"其效果是有限的。

第五节　治理经济危机是一个货币补偿、投资补偿双补偿的过程

在经济危机爆发时，货币与投资都会发生收缩，如果要走出经济危机，

就都要进行"补偿"。货币需要补偿,投资也需要补偿,经济危机治理是一个投资与货币"双补偿"的过程。量化宽松从一定程度上起到了"货币补偿"的作用,但治标不治本;从"动态货币数量论"的角度来看,投资补偿才是根本。因为"投资补偿"自然就会形成"货币补偿",单纯的"货币补偿"并不一定会形成"投资补偿"。

"货币补偿"只对少数在萧条时仍然存在投资需求的"逆周期行业"形成"投资补偿",但是这样的"逆周期行业"实在太少了,而如果依赖这少数逆周期行业所形成的"涟漪效应"去影响绝大多数"顺周期行业"实在是太难。因此,我们从"动态货币数量论"的角度来看,治理经济危机重点还是要依靠"投资补偿"。"投资补偿"过程中的贷款行为,反而客观上会形成"货币补偿"。因此,从传统"静态货币数量论"来推理,量化宽松增加货币拯救经济危机是有效的,但是从"动态货币数量论"来看,用货币政策拯救经济危机显然不能治本,如果要快速拯救经济危机,还是需要增加投资政策的介入。当然,经济危机时增加的投资肯定是以"政府投资"为主,因为这时民间是没有投资意愿的。因此,我们提出拯救经济危机是一个"投资和货币双补偿"的过程,应该以政府"投资补偿"为主,"货币补偿"为辅,货币补偿只是为了刺激那些逆周期行业。

本书将经济萧条时的"货币增发"称为"货币补偿",其旨在保持"运行货币"的总量稳定。"货币补偿"不是"货币超发",因此"货币补偿"不会造成"运行货币"总量的增长,只会有助于保持"运行货币"总量的稳定,因此经济萧条时的"货币补偿"当然也不会引起通胀。

第六节 中央银行的"运行货币总量管理"规则
——中央银行如何保持"运行货币总量稳定"?

"动态货币数量论"给中央银行提出一个职责,那就是进行"运行货币总量管理"。这与货币学派、后凯恩斯主义、新凯恩斯学派都不同。货币学派的弗里德曼主张"单一规则",主张只控制发行货币的数量,而不管利率。后凯恩斯主义"内生货币理论"则与弗里德曼相反,他们认为货币是"内生"的,中央银行发行的货币属于"外生货币",仅仅控制"外生货币"是没有意义的,因此他们主张放弃货币数量控制,改为"利率控制"。后来,新凯恩斯学派的泰勒提出了"泰勒规则",成为目前主流的货币政策规则。

其实,货币"数量管理"和"利率管理"各有优势,需要综合运用才行。"动态货币数量论"提出中央银行的货币管理规则是"运行货币总量管理"。中央银行具有维持整个社会"运行货币"总量稳定的义务。"运行货币"总量过多必然引发通胀,"运行货币"总量过少必然引发通缩。费雪的"债务通缩"理论,本质上讲的也是"运行货币"过少引发通缩的理论。

中央银行如何实施"运行货币总量管理"规则?

首先,运行货币总量受到"利率"影响,货币主要是"内生"的,货币"内生"于金融机构,金融机构的"货币内生能力"受到"利率"的影响,因此中央银行保持"运行货币总量稳定"的第一条是保持中央银行利率稳定。这与我们曾经提出的"最优中央银行货币利率理论"是一致的。我们反对中央银行在经济危机时"降低利率",因为"降低利率"会导致金融机构的"货币内生能力"下降,运行货币总量更少。

其次,"运行货币"总量受到"经济周期"影响,因此"熨平经济周期"也是保持"运行货币总量稳定"的关键因素。这就需要经济处于"萧条周期"时适量地进行"货币补偿",更重要的是政府通过"财政补偿"间接完善"货币补偿"。因此,"运行货币总量管理"并不仅仅是中央银行的事情,而是中央银行与财政部协同才可以完成的任务。这也是与以前学者的研究不同的地方。

"运行货币总量稳定"不是单方面调控发行货币的过程，而是通过"调控发行货币""财政补偿""制定正确利率"三个方面进行的。这也是"动态货币数量论"与传统"静态货币数量论"不同的地方。

　　在中央银行"货币管理方式"转变的同时，社会舆论也应该抛弃传统"静态货币数量论"的思想束缚，用"动态货币数量论"的视角思考货币问题，将目光从紧盯"发行货币"变为紧盯"运行货币"，"量化宽松会引发通胀"的疑虑自然就会消失。弗里德曼的"单一规则"所主张的维持"发行货币"稳定增长的建议曾经在美联储的实践中被证明是错误的。通过"动态货币数量论"的分析，我们就更容易明白其荒谬之处。"运行货币总量管理"规则的提出，可以很好地让大家摆脱传统"静态货币数量论"的思想束缚。

　　中央银行"运行货币总量管理"规则的有效执行还涉及"运行货币总量"的"测量"问题，现有经济学中研究货币总量主要是从"凯恩斯货币需求函数"和"弗里德曼货币需求函数"出发，这两个货币函数又与庇古的剑桥货币方程、霍特里的货币需求动机理论一脉相承。当然，这样的函数只能是理论参考，现实中是无法使用的。因为对货币需求最大的是政府和企业，而不是民众，剑桥方程、货币需求函数都是以民众的货币需求为依托进行研究的，因此具备根本性的错误。

　　"动态货币数量论"的货币总量是"运行货币"的总量，考虑到"运行货币"主要以满足政府与企业的货币需求为主，可以以当年的"社会融资总规模"为参考，考察其变动情况。政府和企业的货币需求又可以分为信贷融资需求、股权融资需求和公开发行债券融资需求三种，"运行货币总量管理"应该是对这三种融资需求的监测与管理。其实，信贷需求既包括银行渠道的，也包括非银行融资机构的，也就是影子银行机构；股权融资需求一般是指一级市场的股权融资需求以及二级市场的再融资；公开发行债券融资需求是指利于公开市场的债券融资，这些市场一般是有公开数据的，因此比较容易监测。

第七节　从"动态货币数量论"看"储蓄率"
——一个不必要的指标

扩大投资一定要扩大民众储蓄率吗？

凯恩斯经济学是非常强调"储蓄"的。现实中，经济学家也经常用"储蓄率"的高低来解释一些国家的经济发展现象；经济增长理论中的"哈罗德-多玛模型"的根基也是强调"储蓄率"和"投资率"，但从货币"信用创造"和"动态货币数量论"来看，货币可以自动地进行信用创造，经常强调居民的"储蓄率"是没有必要的。因为储蓄很多是贷款派生出来的，受政府和企业的贷款行为影响很大。我们在鼓励贷款时就自动创造了存款，因此，片面强调居民储蓄率是不科学的。与其鼓励储蓄，还不如鼓励贷款。中国以统计贷款为主的"社会融资规模统计"和统计存款为主的"广义货币M2"大多数是同步的，这也说明存款大部分是由贷款创造的，而不是由居民储蓄创造的。

凯恩斯经济学中虽然有"储蓄等于投资"的概念，但扩大投资并非一定要扩大"居民储蓄"。宏观经济运行中的储蓄更多的是"企业储蓄"，只要降低"存款准备金率"，就会有很多贷款与存款被创造出来。因此，鼓励民众储蓄对投资增长的意义不大。

我们要促进经济增长是要提升投资，提高货币流通速度，而不是提升储蓄。投资提高了，货币运行效率提高了，储蓄自然就提高了，这才是真正的储蓄与投资的运行规律。而哈罗德-多玛模型则是犯了本末倒置，倒果为因的错误。

在哈罗德-多玛模型之后，美国凯恩斯学派经济学家菲尔普斯又提出了经济增长黄金律，认为储蓄过高会影响民众福祉，还因此获得了诺贝尔经济学奖。其实，这种担心是多余的。

早期凯恩斯学派和货币学派的绝大多数经济学家只是机械地知道货币乘数，他们并不真正懂得货币的信用创造原理。美国很多知名学者如弗里德曼和萨缪尔森虽然有着知名经济学家的头衔，但他们对货币的理解其实是远远落后于早期的桑顿、熊彼特、马克思等欧洲经济学家的。在经济学界，凯恩斯、熊彼特有读经济思想史的爱好，而萨缪尔森和弗里德曼都不具备读经济思想史的爱好，导致他们对早年经济学家的成果知之甚少。关于这点缺陷，笔者在后面的章节还会继续进行批判。

第八节　政府投资对民间投资没有"挤出效应"，而有"资本创造效应"——兼论民间资本的两大来源

弗里德曼在反对凯恩斯的政府投资政策时，还提出政府投资对民间投资有"挤出效应"，这是一个谬论。在笔者看来，"政府投资"对"民间投资"不但不会有"挤出效应"，还会有"资本创造效应"。弗里德曼对凯恩斯的批判不仅错误，而且暴露其知识短板。

第一，弗里德曼的"挤出效应"理论认为，政府与企业争夺贷款资源会导致利率上升，从而压制企业投资。这是错误的。从现实看，中国是一个政府投资大国，从来就没有出现过政府投资导致企业投资利率上升的情况，而且提出这种观点的学者不是真正的货币学者。因为货币数量是动态的，贷款是可以产生货币的信用创造，而信用创造的极限很难达到，即使在正常经济时期都很难达到，何况是经济萧条时期。在达到货币信用创造的极限之前，政府投资不会对利率产生影响，政府贷款与企业贷款不会存在冲突。因为信用创造极限几乎没有达到的可能，所以政府贷款不会对企

业利率产生负面影响，因此政府投资对民间投资不具备挤出效应。另外，政府大举投资大部分发生在民间投资疲弱的经济萧条时期，政府投资与民间投资属于"错峰投资"，挤出效应更不会出现。

第二，政府投资具有资本创造效应。政府贷款之后会进行投资或政府消费，这些钱会为企业创造订单和利润，而企业接受了政府订单，就为企业提供了投资资本金，获取的利润也会成为企业的资本，而且这些资本金可以通过产业链层层传递下去，惠及更多的民间企业。因此，政府投资不仅不会对民间投资产生挤出效应，而且还具备资本创造效应，能够增加整个社会的信用和资本数量。

以弗里德曼为代表的美国货币学派不懂货币信用创造的原理，错误地搞出了一个"挤出效应"，而以萨缪尔森和索洛为代表的美国新古典凯恩斯主义学者和以曼昆等为代表的新凯恩斯学者也因为不够精通货币信用创造原理，长期没有反驳"挤出效应"的谬论。经过分析，我们可以知道，在经济危机时期，政府通过贷款进行自己的信用创造不仅不会挤压企业的信用创造，而且还为民间企业提供了大量的投资资本金，可以很好地促进经济发展。

现代社会无论是企业还是政府，其资金很多都是来自借债，企业的资本金一方面是来自于商业银行的信用创造，一方面来自政府贷款的资本创造效应。其实，借鉴中国经验也可以知道，政府投资高峰期，同时也是民间投资非常活跃的时候；政府投资一旦停滞，民间投资也会出现乏力，这种"政府投资与民间投资共进退"的现象本质就是政府投资的资本创造效应在起作用。政府投资在发挥资本创造效应时，民间投资也大大增加；政府停止投资，资本创造效应减弱时，民间投资也出现下降。当然，依赖政府投资的民间投资只是一部分，还有一部分民间投资更多受到科技革命和产业周期的影响，这部分民间投资往往与政府投资周期相互交替，构成经济增长的动力。

正因为政府投资具有极强的资本创造效应，政府投资的下降也会造成经济的通缩。

民间资本的两大来源

民间资本的来源问题非常重要，真正的自有资本是非常少的，笔者认为民间资本主要有两大核心来源：一是政府投资的资本创造效应；二是商业银行的信用创造。政府的资本创造效应，民间企业通过接受政府订单就可以获得资本，而商业银行的信用创造则需要以企业的贷款与存款行为为基础。

第九节 "动态货币数量论"与凯恩斯学派、弗里德曼货币理论的比较

"货币数量论"者有一个共同错误，那就是以"外生货币"为研究对象。货币研究如果始终是以"外生货币"为研究对象，那么"动态货币理论"就永远不可能建立起来。

凯恩斯和弗里德曼都采用"外生货币"的研究方法，弗里德曼的货币研究方法是继承的凯恩斯，凯恩斯又继承的剑桥学派，但客观地说，当时的剑桥学派并非货币理论研究的高地，相反，在桑顿、麦克劳德、马克思那里反而有着最先进的货币理论。然而由于凯恩斯研究路径的巨大影响力，早期的"货币信用创造理论"长时间被埋没，直到后凯恩斯学派提出"内生货币理论"，这些理论才被注意到。

凯恩斯意识到了货币流通速度变化

凯恩斯和弗里德曼在"货币数量"方面的研究体现在他们的"货币需求函数"上，他们的研究方法是相同的。凯恩斯与弗里德曼货币需求函数

的共同特征都是以"现金余额"为研究对象，其"母版"均为剑桥大学的"现金余额方程"，研究对象都是"外生货币"。他们对"货币信用创造理论"都是陌生的，他们的著作中也几乎没有引用过这些观点，但是缺少了这块知识的货币理论肯定是有着巨大缺陷的。

凯恩斯与弗里德曼的区别在于，弗里德曼无视"货币流通速度"的变化，从而重新回归了古老的货币数量论，而凯恩斯非常强调"货币流通速度"的变化。凯恩斯虽然用的是"现金余额"的研究方法，但他意识到了"货币流通速度"的变化，而且提出了"流动性陷阱"的洞见。凯恩斯关于货币流通速度受到利率影响的观点是非常重要的，可惜的是没有被后来的人重视。托宾研究"资产组合"更多是着眼于理财，而非宏观经济分析。

弗里德曼的"货币总量管理"缺乏周期意识

弗里德曼虽然忽视了"货币流通速度"的问题，但比凯恩斯"先进"的地方在于他意识到了"货币总量管理"的问题。弗里德曼的"单一规则"本质就是一种"货币总量管理"。他提出了对广义货币M2进行总量管理。但弗里德曼的"货币总量管理"是有缺陷的，因为他不具备"货币周期"的概念。弗里德曼的"单一规则"主张按固定比例进行货币数量增长，而"货币周期管理"正是笔者的"动态货币数量论"的特色。经济萧条时，"运行货币"总量比较少，需要中央银行增加货币投放；经济繁荣时，需要中央银行降低货币投放，这才是按"货币周期"进行的货币总量管理。另外，用财政投资补充货币也是弗里德曼没有想到的。

弗里德曼的"单一规则"在美联储的实践中失败后，新凯恩斯学派的泰勒干脆放弃了"货币总量管理"，走向了纯粹的"利率管理"，提出了"泰勒规则"，成为美联储的官方规则。泰勒规则虽然取得了"货币管理"的优势，但是也丧失了"货币总量管理"的优势，这也成了2008年经济危机的原因之一。

本文提出"发行货币""运行货币""货币周期""有效货币供给""运行货币总量管理"等概念就可以解释很多货币理论中面临的问题。在此之前，货币学中也有"M0""M1""M2""M3"等概念，但这些都是基于货币分层的"统计概念"，而不是基于货币学的"理论概念"。如果我们让货币学从理论上进行"质"的提升，就必须创造出新的理论概念才行。

"动态货币数量论"实现"货币数量论"与"信用创造论"的统一

货币运行理论其实从早期的信用创造理论到中间的费雪方程、债务通缩理论，再到后凯恩斯主义的内生货币理论，发展路径是非常清晰的。而"货币面纱论""货币数量论"既是早期人类对货币的一种朴素认识，也是早年为了对抗"重商主义"提出的一种简单理论，本来就早被抛弃，但为何又出现"货币数量论"的回潮？根本原因就是两条货币理论研究路线的"理论统一"问题。笔者做的就是这种"理论统一"的工作。这种"理论统一"的工作如果没有人去做，货币研究仍然会一直在"两种研究路线"间摇摆。"动态货币数量论"并不是完全反对传统的"货币数量论"，而是对其进行了升级，新的"动态货币数量论"也可以充分兼容原有的"货币数量论"和"货币信用创造"理论。

第九章

内生性与外生性通胀理论

第一节　经济增长过程中的"内生性通胀"与"外生性通胀"

宏观经济学起源于凯恩斯学派，后来又出现了货币学派、理性预期学派、供给学派等，但后三者主要是在凯恩斯学派的基础上进行的延续性创新，凯恩斯学派毕竟也有不完善之处，如果凯恩斯学派完善起来，那么这些学派也将失去生存空间。而凯恩斯经济学最大的不完善之一就是缺乏强有力的通胀理论。

凯恩斯学派为何衰落？

因为凯恩斯经济学缺乏强有力的通胀理论，无法解释滞胀现象，后来被货币学派替代。20世纪70年代后，以费希尔、曼昆等人为代表的"新凯恩斯主义"学派的学者虽然在凯恩斯学派擅长的领域有所创新，但这些人大部分在货币理论方面基础薄弱，很难完成"复兴凯恩斯经济学"的任务。"后凯恩斯学派"的卡尔多、温特劳布、兰德尔雷等虽然在货币学上进步很大，甚至对货币学的理解远远超过了弗里德曼等人，但是他们的贡献更多是知识点的创新，而非货币思想体系的创新，仍然无法让凯恩斯学派重塑辉煌。

尽管凯恩斯多部著作的名称中都带有"货币"一词，但凯恩斯经济学的衰败仍然源于"货币理论"的不足。货币理论是宏观理论中最难的一个分支，笔者认为，凯恩斯经济学的复兴还必须从"货币理论"开始，特别是要从让凯恩斯学派折戟沉沙的"通胀理论"开始。凯恩斯学派从哪里倒下去，就要从哪里站起来。萨缪尔森、曼昆虽然极其聪明，但他们并没有带领凯恩斯学派实行全面复兴。笔者在本章中创新的通胀理论可以弥补凯恩斯学派缺失的通胀理论。

凯恩斯学派的衰落源于一个"菲利普斯曲线"无法解决的问题，也就是通货膨胀无法与宏观经济增长实现"顺周期"的问题。菲利普斯曲线最理想的经济情形是，经济繁荣时有通胀无失业，经济萧条时有失业无通胀，但"滞涨"打破了这一局面。"滞胀"造成了通胀与失业并存，现实经济与菲利普斯曲线的偏离造成凯恩斯学派的衰落。

内生性与外生性通胀理论的提出

本书提出的"内生性与外生性通胀理论"就可以给各类通胀以完美的解释，可以让各种与通胀有关的宏观经济问题都得到解释。

凯恩斯经济学派将通胀区分为"需求拉动型"和"成本推动型"两种，货币学派则将通胀看作是一种"货币现象"，导致经济学界至今没有统一的通胀理论，以至于经济学教材中讲通胀时不得不放到两个章节中讲授。凯恩斯本人曾经雄心勃勃地想解决这一问题，他在《就业、利息和货币通论》第二十一章中，通过"充分就业临界点"理论对通胀理论的统一进行了一些创新，但后来并没有成为主流。

笔者将通货膨胀分为"内生性通胀"和"外生性通胀"两种。"内生性通胀"是指由经济内部因素变动引起的通胀，本质是劳动生产率提高带来的工资提高导致的通胀。这种通胀与供需无关，与货币因素也无关，是正常经济增长必然出现的现象。所谓经济正常增长是企业产能正常扩张能力之内的经济增长。

经济过热也属于经济增长，却是不正常的，是指就业饱和之后或企业产能达到极限后的经济增长。经济过热引起的通胀是外生型的，是由生产要素短缺造成的。

"外生性通胀"是由经济外部因素导致的通胀，比如自然灾害、生产要素短缺、国内货币超发、外国货币外溢等非经济自身因素导致的通胀。外生性通胀也可以分为"生产要素短缺型外生性通胀"和"货币增多型外生性通胀"。绝大多数外生性通胀是由生产要素短缺引起的，真正货币超发引起外生性通胀的情形极其少见，只有在一些战争、经济危机或极端条件下才会出现。另外，货币增多型外生性通胀，也并不一定是外生货币的增加，也可能是内生货币增加造成的，这是两种不同的情况。因为货币增多型外生性通胀也可以分为两种，一种是外生货币增多，一种是内生货币增多。

货币通胀辨析

"内生性通胀"和"外生性通胀"都不能轻易动用货币政策进行治理。内生性通胀是经济发展的正常情况，不需要治理。人类一直无法将通胀清零，就是因为"内生性通胀"的存在。外生性通胀则需要"辨证治理"。如果外生性通胀是由于生产要素短缺引起的，则应该通过产业政策加快生产要素的供给来治理通胀；如果外生性通胀是由货币增多引起的，就需要用货币政策解决。货币政策能否引发通胀主要用我们前面提到的"有效货币供给通胀理论"进行检验，主要看有效货币数量，而非发行货币数量。

生产要素短缺引起的外生性通胀需要用产业政策解决，比如如果存在石油短缺现象，我们可以利用风能、太阳能对石油加以替代。美国的页岩气产业的崛起，也极大降低了美国的能源价格，缓解了美国经济的通胀压力。

货币引发的外生性通胀，很多是故意为之。通胀是转移经济财富最隐蔽的手段之一，很多国家正是看中了这点，通过通胀转移社会财富，但这往往发生在特殊时期，比如魏玛政府时代的德国、津巴布韦的通胀。

现实中的货币通胀更多是因为美元周期导致的，是由美元货币外溢引发的通胀。2008年后，美国实行的四轮量化宽松货币政策曾经引发"金砖国家"较大幅度的通胀，中国当时采取的措施是通过提高存款准备金率建立"蓄水池"。

美国"滞涨"的发生也有货币超发的因素，因为美国错误运用了弗里德曼的"单一规则"货币政策。单一规则要求一个国家的货币按一定比例稳定增长，如果一个国家的货币基数比较高，再按一定比例增长，就会呈现几何级增长，最后形成通胀。2022年，美国出现的通胀主要是因为供应链出现了问题，再加上俄乌冲突等因素所致。

总之，治理"外生性通胀"要"辨证施治"，大家经常忽略的产业政策反而在治理外生性通胀时会发挥作用。目前，经济学理论中很少提到用产业政策治理通胀，这个短板必须补上。中国在利用产业政策治理通胀方面积累了丰富的经验，非常值得总结。

第二节 "内生性通胀"原理与"自然通胀率"

对于世界上大多数国家来说，几乎每年都会发生通胀，但是很少有国家特意进行治理，因为这类通胀属于"内生性通胀"，本质是由于劳动生产率提高导致的工资提高引起的通胀，属于"劳动生产率通胀"。我们将这种通胀引起的物价增长称为"自然通胀率"。

内生性通货膨胀很大一部分是由劳动者工资上涨造成的，当然，劳动者工资上涨也是因为经济增长。经济增长的基础是劳动生产率的提高；劳动生产率的提高就意味着劳动者创造的价值提高；劳动者创造的价值提高，劳动者的收入就提高；劳动者的收入越高，劳动力的价格就会越来越贵；而劳动力价格的上涨必然会推动商品价格的上涨……内生性通货膨胀就是这么来的。所以说，一个国家只要经济不停滞，必然会产生内生性通货膨胀。只要是经济正常发展，都会发生轻微通胀，这也是经济增长的自然规律，是内生性通胀的主要来源。

如上所述，内生性通货膨胀形成的逻辑链条如下：
经济增长→工资升高→用工成本升高→产品成本升高→物价升高。

在经济发展过程中，会不会出现工资和物价同比例增长的现象呢？一般不会。通常情况下，工资的增长会高于物价的增长。工资上涨与物价上涨的缺口来源于劳动生产率提升过程中节省的劳动。劳动生产率提高后，企业在生产中所需的劳动就会减少，这些产品的生产成本会降低，价格自然会降低，比如汽车、电子产品价格就上升得很少，甚至在降价。

一个产品会涨价还是会降价主要取决于其劳动生产率的改善情况。劳动生产率改善快的行业，产品会降价；劳动生产率改变慢的行业，产品会涨价。前者可以缓解通货膨胀，后者可以推高通货膨胀。正因为有一部分行业一直在提升劳动生产率，所以通胀才不会与劳动力价格同步提升，社会才可以进步，民众的生活水平才可以提高。而劳动生产率的改善一部分是因为机械化、自动化程度的提高，另一方面也是因为生产工艺的改良。

经济平稳增长时期出现的通胀与供给和需求没有关系，是工资推动型的通胀，而工资增长又是由经济发展、劳动生产率提高推动的。因此，这种经济平稳时期的通货膨胀也是由经济增长造成的，与货币因素无关。

内生性通胀的形成原理非常清晰，其数值也可以非常容易计算出来。

内生性通胀完全与经济增长相关，所以我们可以用一个模型来计算内生性通胀情况下的经济增长与通胀的关系。在这个模型中，我们将通胀率等同于劳动成本的增长，并且不考虑企业家的利润等因素。

我们以劳动生产率提高一倍为假设进行计算，如果劳动生产率增长一倍，即增长100%，那产出增长也是100%。我们再计算劳动生产率提高一倍时的劳动成本变化。在产出增长一倍的情况下，如果没有劳动生产率的变化，那用工成本增长也是100%，但是由于劳动生产率提高一倍，用工数量降低一半，所以用工成本只增加50%。所以，劳动生产率提高一倍时，产出增长率为100%，劳动成本增长率为50%。正常经济增长情况下，劳动成本增长率可以视为通货膨胀率，所以内生通胀情况下，通胀率仅仅为产出增长率的50%，用公式表示为：

通胀率=GDP净增长率×50%

在现实中，不仅要计算GDP净增长率，也要计算名义GDP增长率。名义GDP增长率为GDP净增长率与通货膨胀率之和，所以，在上面的假设中，名义增长率为150%。这样内生通货膨胀率为名义GDP增长率的三分之一，也就是：

内生通胀率＝名义GDP增长率/3

在现实中，通胀率并不是计算出来的，而是统计出来的。这样就为我们计算外生性通胀提供了可能，即：

外生通胀率＝统计通胀率－内生通胀率

第三节　经济过热引起通胀的原理

在笔者的通胀理论中，外生性通胀主要有两种，分别是生产要素短缺造成的外生性通胀和货币增多造成的外生性通胀，后者比较容易理解，经济过热引发的通胀主要是由供需引起的，这类通胀也属于外生性通胀。

在微观经济学里，物价的变化都与供需有关。当供给大于需求时，物价下跌；当供给小于需求时，物价上升。通货膨胀对应的是价格上升现象，从微观经济学的角度来解释是因为需求大于供给。这里面可能有两种情况，一种情况确实是因为供给太少，另一种情况就是现实需求太大。经济增长过快的时候，社会投资旺盛，企业家为了更多地占领市场，所安排的产能扩张规模要高于经济增长的速度。而企业产能的扩张往往伴随着企业采购规模的扩大。企业产能扩张越多，采购就越多，这会造成基础原材料的供应紧张，如石油、钢铁等的价格上涨，从而造成整个社会的通货膨胀。

经济衰退时，企业投资需求下降，就会出现供给大于需求的现象。在供大于求的情况下，物价就会出现大面积下降，进而出现通货紧缩。

我们在这里比较强调"企业的需求"，经济过热性通胀都是由企业需求带动的，而非民众需求。石油、钢铁属于"高供给难度产品"，产能扩张不那么容易，一个油田或一个钢铁厂从建设到投产往往需要很长的周期，比较容易产生供给不足问题，因此这些产品最先出现价格上涨现象。这种价格上涨根本上是由"供给难度"造成的，因此每一轮通货膨胀都会出现基础原材料的价格上涨。生产资料的物价上涨经过一个周期后会体现在生活资料上，也就是我们经常提到的CPI（消费者物价指数）上。

一个国家绝大多数时面临的通胀是内生性通胀，即因为经济增长造成的通胀。凯恩斯在其《就业、利息和货币通论》中以"充分就业"为界线，将经济分为"充分就业"和"非充分就业"两种状态。市场就业不饱和时，扩大社会需求不会引起通胀；市场就业饱和之后，扩大社会需求会引起通胀。

笔者与凯恩斯不同，认为应该增加两个经济阶段，分别是"企业未达到产能极限"的阶段和"企业达到产能极限"的阶段。如果投资引起的需求超出了企业产能极限，就会引起通胀。企业产能极限一般出现在"生产资料"市场，因为"生活资料"市场的产能扩张得很快，"生产资料"市场的产能扩张则比较慢，最常见的就是石油、钢铁、农业几个市场，生产周期都很长，不容易扩大产能。

凯恩斯的通胀划分非常具有"洞见性"，但还是存在一种状态，即"就业不饱和，但是社会总需求已经超出了企业产能极限"的阶段，这时仍然会出现通胀。

当然，"就业"也是"企业扩张能力"的一种，如果"充分就业"出现在"企业达到产能极限"之前，那"充分就业"就是界线。如果"企业达到产能极限"出现在"充分就业"之前，那"企业达到产能极限"就是界线。

因此宏观经济会有四种状态，第一种是，既没有达到"充分就业"，也没有达到"企业产能极限"的市场状态；第二种是市场已经达到"充分就业"，但还没有达到"企业产能极限"的状态；第三种是"未充分就业"，但是已经到达"企业产能极限"的状态；第四种是既达到了"充分就业"，又达到了"企业产能极限"的状态。

不管市场先达到了"充分就业"，还是先达到了"企业产能极限"，都不能再扩大市场需求，不然就会引发比较大的通胀。超出产能极限，或是充分就业之后的经济增长就是"过热增长"。中国在2007年和2010年曾经出现过两次经济过热，其中2007年的"经济过热"是典型的超出"产能极限"的过热，2010年的经济过热是"充分就业"型的过热，当时主要表现为"用工荒"。无论哪种"经济过热"都是中国经济独有的情况，其他国家经济增长很慢，通常不会出现这种情况。

第四节 "通胀－增长定律"
——兼论解美国、日本量化宽松暴露出的问题

"通胀－增长定律"我们分解为两个定律：第一定律是"经济有增长就必然有通胀"，背后的理论就是我们的劳动生产率通胀理论；第二定律是"在没有外生因素的情况下，没有增长就无法形成通胀"。第一定律我们不需要解释，经济运行情况时刻都在验证这个定律；第二定律可以用来解释美国和日本为何实行量化宽松政策而没有出现高通胀的现象。

美国和日本实行量化宽松政策时，虽然释放了货币，但是这些货币并没有推动经济增长，所以也没有引起高通胀。当然，这是建立在货币超发不太多的情况下，如果货币超发太多，就会引起外生性通胀。

通过"通胀－增长定律"，我们还可以得出两个与通胀有关的政策建议。第一，出现了通胀，不必"紧缩货币"，通过"经济降速"也可以解决；第二，要想形成通胀，必须先有经济增长。换言之，要想走出通缩，必须先有经济增长。日本常年走不出通缩，就是因为经济没有增长。量化宽松政策非但不能促进经济增长，反而会阻碍经济增长。人们虽然警惕通胀，但

通缩的危害比通胀更厉害。

第五节　生活模式升级造成的"通胀感"不同于通胀

在生活中，民众总是可以感觉到比较明显的通胀，笔者称之为"通胀感"。这背后其实是"生存成本"在变贵，而不是由通胀造成的。通胀感是生活模式升级造成的。社会中弥漫的"通胀感"，事实上与货币和物价关系都不大，而是因为"生活模式变贵"。不是物价越来越高，而是民众的消费水平越来越高。因为消费水平变高而出现钱不够花的现象，更多反映的是人们消费欲望与消费能力的差距。

笔者在后面将要提出的"生存经济学"的研究中，采用的是"生存成本"的概念，而不是"生活成本"。这是因为从某种程度上讲，生活成本是可以压缩的，生活质量是可以有弹性的。但生存成本却是不可以压缩的。生存成本是生活成本中的一部分，是维持必要生活所需要的成本。不同的人，生存成本在生活成本中所占的比例不同。收入越低的人，生存成本在其生活成本中所占的比例越高；收入越高的人，其生存成本在生活成本中所占的比例越低。

"通胀感"与真正的"通胀"是两码事。通胀的时候不一定有"通胀感"，有"通胀感"的时候也不一定存在"通胀"。这种"生活模式变贵"带来的"通胀感"，即使在物价全面下降的情况下也可能发生。

"生活模式升级"是通胀感的主要来源，而导致"生活模式变贵"的唯一因素就是经济发展。笔者根据"生存经济学"来分析，当下人们确实处于"生活模式变贵"的时代。而经济发展越快，这种由"生活模式变贵"导致的"通胀感"就越强。解决的办法绝不是放弃发展，而是要想方设法降低民众的生存成本，具体来说，就是建设"低生存成本社会"。

第十章

货币学派的学术错误与"弗里德曼问题"

第一节　弗里德曼最值得肯定的学术进步
——从"货币利率调控"向"货币数量调控"的巨大转变

在学术上批判弗里德曼的人有很多，甚至弗里德曼晚年也承认自己有学术错误，但他也是有贡献的。我们首先肯定弗里德曼的贡献。在笔者看来，弗里德曼对经济学最大的贡献是他改进了"货币调控"。在弗里德曼的多篇论文中，他指出"廉价货币政策"是声誉扫地的。学术界曾普遍认为大萧条证明了"廉价货币政策"是无效的，但是弗里德曼又通过实证分析证明了"廉价货币政策"有效。弗里德曼不仅恢复了廉价货币政策的声誉，而且改变了其实施的方法。弗里德曼最大的学术贡献是将货币调控由"利率调控"转向了"货币数量调控"。弗里德曼之前，货币政策大部分是基于瑞典学派的理论，主要是通过大幅降低货币利率拯救经济危机；弗里德曼之后，货币调控政策更加强调货币数量，而不是利率。客观说，在经济危机时期"大幅增加货币"比单纯"降低利率"效果确实要好一些。

"货币数量调控"比"货币利率调控"更直接。当代货币调控的共识是：正常经济时期，主要调控货币利率；经济危机时期，则改用"货币数量调控"，也就是开启"直升机撒钱"模式，这是弗里德曼的贡献。"直升机撒钱"变为直接的货币政策就是政府直接购买金融资产，或是购买倒闭公司的股权，或是购买社会债务，这种货币政策的力度显然比降低利率大得多。这是弗里德曼给货币调控带来的一个"新思维"。尽管这些货币政策并没有财政投资有效，但对于那些奉行"小政府"的国家却是他们可行的政策。

也有人说，弗里德曼最重要的论文是1969年在《美国经济评论》上发表的"货币政策的作用"，毕竟这篇论文完成了对凯恩斯学派的"致命一击"。但笔者要指出的是，弗里德曼这个论文的"政策意义"并不大，只是学术意义比较强，对当时的"美国凯恩斯学派"造成了冲击。具体来说，只是对当时流行的"菲利普斯曲线"造成了冲击，而对凯恩斯本人创造的"凯恩斯经济学"并没有影响。另外，弗里德曼"货币数量论的重新表述"意义也不大，假设货币需求函数稳定本身就是个绝大错误，而且研究方法也是继承凯恩斯的，突破意义并不大，恒久收入也是"以偏概全"。因此，弗里德曼最大的贡献在于《美国货币史》中对大萧条期间货币数量的统计，这导致了货币政策的真正转向。

其实，无论是凯恩斯学派、货币学派还是供给学派，都是为经济危机提出"政策建议"的，对于宏观经济学来说，提出一个"差异化的政策建议"就足够有意义，有时其理论基础是否充分都显得不那么重要，比如供给学派的"拉弗曲线"根本谈不上自圆其说，弗里德曼的货币建议主要是根据实证统计提出，而非理论，但是这些都具有巨大的影响力。而凯恩斯学派则是理论与政策建议相统一的学派。

第二节 弗里德曼的五大学术错误

在本书开头，我们总结过弗里德曼的学术缺陷，正因为存在那些缺陷，所以弗里德曼产生了很多学术错误。

如果我们将货币学研究分为进步和保守两派的话，弗里德曼显然选择了保守派，而他能够在保守性研究方向上取得如此之大的影响力，确实与他自己的超强的个人能力有关，但保守的研究方向注定了他距离前沿的货币学研究越来越远，这个研究方向本身就注定了大部分研究成果是有争议的，或是毁誉参半。弗里德曼是一个很容易打败的学术对手，因为他的理论具有明确的瑕疵；弗里德曼又是一个很难打败的对手，因为他的理论太接近常识，推翻常识是最难的。本书主要是根据笔者的学术突破来看弗里德曼的研究缺陷。

弗里德曼的错误之一：没有对通胀问题进行"内生因素"与"外生因素"的区分

美国货币学派创始人弗里德曼有一句名言："通货膨胀本质是一种货币现象。"这种说法是错误的。"货币超发"确实可以导致通胀，但一见到通胀就认为是"货币超发"了，肯定是错误的。通胀和通缩大部分时候是与经济周期中的繁荣与萧条相对应的"价格现象"，是由经济的"内生因素"导致的，不完全与货币因素有关，也不能说其本质是"货币现象"。我们不能因为物价是用货币衡量的，就认为通胀或通缩是货币现象。弗里德曼将通胀全部归结为"货币现象"显然是错误的。

当然，也有一部分通胀是与货币因素有关的，这并不是主要情况，弗里德曼没有对通胀进行"内生"与"外生"的区分，而是一股脑地将通胀归结为货币型的外生通胀，这明显是错误的。

弗里德曼的错误之二：恢复货币数量论的过程中漏洞很多

弗里德曼利用货币需求函数稳定的假设恢复了货币数量论，他为了满足货币需求函数稳定这一核心，做了大量的不切实际的假设。首先，利用恒久收入代替收入，这本身就非常不实际。另外，在利率变化时，货币需求函数并不稳定，有的与利率成正比，有的成反比；其次，货币需求函数本身就有根本性错误，因为从剑桥方程延伸出来的货币需求函数更多的是反映民众的货币需求，而没有反映企业的货币需求，而企业的货币需求才是主流，关于这一点凯恩斯和弗里德曼都是错误的。

弗里德曼的错误之三：对"时滞"和"调控过度"问题进行了错误建议

货币政策经常出现"调控过度"，这在现实中是一个非常令人困扰的事情。对此弗里德曼用"时滞"来解释，这些是对现实的经验总结，都没有问题。货币政策要发挥作用，见效确实时间长，往往需要3个月、6个月甚至是更长的时间，所以要想达到效果，最终多数会出现用力过猛的情况。当"时滞"成为原因的时候，"调控过度"就必然成为结果。但这个问题应该怎么解决呢？弗里德曼在其1969年发表的著名论文《货币政策的作用》中提出了两种解决方案：第一是主张货币按一定比例稳定增长，不再进行货币调控；第二是货币当局在实行货币政策时保持一定的"克制"。但是在笔者看来，这两种方案都是错误的，或是现实不可行的。

首先，单一规则就与弗里德曼在其他著作中的主张自相矛盾。弗里德曼特别强调货币政策的作用，在经济萧条中他主张放松货币，面对通胀他又主张紧缩货币，这与他主张的货币稳定增长是矛盾的。就算是货币稳定增长也消除不了萧条和通胀，因为萧条和通胀是经济周期导致的，是经济"内生"出来的，根本不是货币因素导致的，货币只是外生因素。第二，货币当局保持克制在现实中也不可取。货币当局往往面临政府和舆论的巨大压力，"保持克制"往往做不到，而且"克制"的"度"也是一个很难把握的问题。对于"时滞"，笔者则提出了"拧紧螺丝松半圈"的货币调控理论。

货币当局在调控经济的过程中，肯定是以"结果"为导向的，因此在"时滞"的影响下，调控过度是必然。但是"调控过度"并不可怕，我们只需要根据实际情况进行一定的"回调"就行，或是货币政策已经达到"形势扭转"的效果时，就可以适度回调，这样就可以纠正"调控过度"的问题。"矫枉必须过正"，这是没有办法的，而"拧紧螺丝松半圈"就是纠正"矫枉过正"的过程。这两个政策动作不能合并为一个，也无法合并为一个，反而存在这两个环节才是合理的。弗里德曼希望通过"一个环节"将这个问题纠正，本身是错误的。

正常的货币调控应该"拧紧螺丝松半圈"以缓解"时滞"引起的过度调控问题。但现实中，各国中央银行很少具备这样的意识。所以货币调控

往往会将经济推入下行通道，引发经济危机。历史上的经济危机都和货币政策紧缩调控有关。

弗里德曼早就注意到了货币调控的危害，他在《美国货币史》中指出"货币紧缩"是大萧条产生的根源，或是危机加重的根源。但是如果不用货币政策，那用什么来治理通胀呢？对此弗里德曼并没有说清。也就是说，弗里德曼指出了货币政策这副药的毒副作用，但是却没有研发出一个替代药方，因此弗里德曼的货币理论具有不完整性。所以一遇到通胀来临，弗里德曼的理论就是自相矛盾的。

弗里德曼的错误之三：用"实证"恢复了货币政策的作用，仍然没有解决"廉价货币政策"的弊端

其实无论是瑞典学派的维克塞尔，还是剑桥学派的凯恩斯，都发现了廉价货币政策的"无效性"，甚至瑞典学派因此主动放弃了自己的主张，凯恩斯也从一个货币政策的拥护者，改为财政政策的拥护者。弗里德曼本人并没有建立太多的理论创新去支持货币政策的有效性，他只是从"统计实证"的角度，恢复了"货币政策"的作用，但是许多问题仍然存在，比如凯恩斯提出的"资本边际效率崩溃""流动性陷阱"问题以及笔者新提出的"货币政策金融机构激励相容""资本边际收益率崩溃"问题也都存在，弗里德曼的理论无法解决这些问题。这也凸显了实证统计研究的一些弊端。这些问题没解决就注定了"弗里德曼版的廉价货币政策"仍然作用有限。

弗里德曼的错误之四：错误地总结了货币政策的作用

弗里德曼在推翻菲利普斯曲线的时候，还对"通货膨胀预期"进行了研究，认为只有没预期到的通货膨胀政策才会对经济增长有用。而在笔者看来，货币政策的有效性与无效性均是因为货币扩散，而非预期。量化宽松可以产生通胀预期，但预期在经济中的作用非常小。现实中，"预期缺失"

才是事实。人们既不做"适应性预期",更没有能力做"理性预期"。货币数量政策与货币利率政策不同,它不是整体作用的,而是在不断扩散中发挥作用的。货币政策发生效用是从货币扩散开始的,货币扩散到哪里,货币政策的作用就发挥到哪里;货币政策失去效用也是从扩散结束开始的,"货币扩散效应"的存在是货币数量政策起作用的根本原因。增发的货币扩散完,货币政策的作用也就结束了。这种扩散并不一定伴随通货膨胀,比如货币扩散过程中,如果没有生产要素短缺和企业产能极端的限制,就不会出现通胀。在没有通胀的情况下,货币扩散也会起作用。如果货币扩散促进了投资的扩张和经济总量的扩大,即使货币扩散结束也不会通胀。只有经济规模保持静止的情况下,扩大货币才会出现通胀。如果经济是成长的,而且货币规模扩张的也不多,即使货币扩散结束也不会发生通胀。如果自始至终都没有发生通胀,民众的预期就不起作用。

适应性预期或理性预期都是"错误假设",这些"错误假设"的存在以及在错误假设下得出的"伪结论"本质是一种"学术干扰",会使人们更加看不清经济的真实情况,这也是很多人反对弗里德曼学术研究方法的原因之一。

弗里德曼的错误之五:提出"挤出效应"

为了将对凯恩斯的批判扩大化、全面化,弗里德曼又进一步提出了"挤出效应"。现实看,政府投资对经济增长的作用非常明显,中国经济就证明了这点。笔者在本书中批判了挤出效应的存在,指出在货币的信用创造能力达到极限之前,政府贷款对民间贷款没有任何冲突,而且政府贷款还可以为民间投资提供大量资本金。这也就解释了为什么政府投资高峰期也会催生民间投资的高峰期。因此,政府投资不仅对民间投资没有挤出效应,而且还有"资本创造效应"。这种"资本创造效应"可以促进民间投资。

第三节 "弗里德曼问题"
——为何弗里德曼没有自己的学术代表作？

经济学中存在著名的"斯密问题"，指的是亚当·斯密在《道德情操论》和《国富论》两部著作中对人性截然相反的研究。在笔者看来，货币学中也存在"弗里德曼问题"。弗里德曼在不同时期的各种主张也是前后矛盾的，他的政策主张在现实中也是很难实施的。

"弗里德曼问题"也在于其主张的相互矛盾

弗里德曼是一个重启"货币政策作用"的经济学家，在遇到经济危机时，他主张货币宽松，甚至提出"直升机撒钱"，也不担心通胀问题；遇到通胀时，弗里德曼又主张紧缩货币，强调"通胀是货币现象"，这时的弗里德曼又不惜造成经济萧条；而在正常经济时期，弗里德曼又主张货币数量按一个固定的比例稳定增长。弗里德曼到处讨好，其实是很难把握，很难实施的。弗里德曼本是一个擅用"货币猛药"的大夫，他在不同阶段，不同论文著作中提出的货币主张是自相矛盾的，即使灵活掌握也是很难做到的。即使现实中能够做到，他的主张也有不少问题或是说政策副作用的。弗里德曼主张的经济危机时过量投放货币会造成"资本边际收益率崩溃式萧条"；弗里德曼主张的经济通胀时过度紧缩货币，如果通胀是生产要素短缺造成，紧缩货币就会造成伤及无辜；正常经济时期让货币按一定比例增长也并不科学，因为这个比例永远无法精确，按一定比例增长必然会产生几何基数的危害，要么累积成过度宽松，要么累积成过度紧缩，只有这两种结果，滞胀就是累积成过度宽松的结果。因此弗里德曼的主张不仅矛盾，难以操作，而且也大部分是错误的。弗里德曼虽然创立了货币学派，也曾"红极一时"，但他留给我们"有用"的研究成果并不多。

弗里德曼的自我矛盾从他对沃克尔的前后态度就可以看出。沃克尔实行货币紧缩开始造成大量失业时，弗里德曼是反对的，认为沃克尔用力过猛，而当沃克尔对抗通胀取得成功后，弗里德曼又评论说沃尔克的做法符合"货币主义"。

为何弗里德曼没有真正意义上的"学术代表作"？

一个伟大的经济学家通常都有自己的代表作，弗里德曼却没有。弗里德曼影响最大的是他写的两本畅销书，一本是《资本主义与自由》，另外一本是《自由选择》。但这两本书根本不是"学术"作品，只是"畅销书"，没有任何学术性可言，也没有提出一个可以称之为"定理"的理论，根本不能算是弗里德曼的代表作。他的著作《实证经济学方法论》的论文大部分是别人的，也谈不上是他的学术代表作；他的著作《最优货币量及其他论文》也仅是论文集；他最有名的学术著作《美国货币史》里面包含的理论非常少，大部分是讲美国的货币政策历史。

一个学者的学术代表作，应该是包含这个学者绝大部分经济思想的作品，而且这本书是融会贯通的，而不应该是割裂的，比如亚当·斯密的《国富论》、凯恩斯的《就业、利息和货币通论》等。早年的经济学家基本上都有一本以"政治经济学"或"国民经济学"命名的著作作为自己的代表作，但弗里德曼非常长寿，却始终没有写出这样一部作品。弗里德曼一直活到94岁，他是有足够的时间去完成这个工作的，但他没有去完成，关键就是他的各种理论是充满矛盾的，是根本无法统一在一个思想框架中的，也没法给出一个明确的政策建议，因此弗里德曼最终连一本代表作也没有，他的思想只能零散地分布在多个著作或论文中。

货币主义的结果是"货币政策滥用"

无论是财政投资、货币政策，还是税收政策，任何一种宏观"货币政策"都是有利有弊的，经济调控应该是精准调控，措施上应该是政策组合，如果想用一种政策"包打一切"肯定是有问题的。弗里德曼就犯了这样的错误。

按照弗里德曼的理论进行经济治理就只有一个结果，那就是"滥用货币政策"。"滥用货币政策"不仅难以取得良好的经济治理效果，而且对产业、对企业家的危害都是巨大的。金融要么扩张要么收缩，无论是扩张还是收缩，都算不得利好，关键是人为扰乱货币价格会造成企业家的预期错误，进而出现一系列的财务问题。许多企业倒闭是因为宏观经济问题，而非微观经营问题。

弗里德曼在经济学研究方法上的学术贡献

虽然弗里德曼的经济学有着诸多瑕疵，但他对经济学也不是毫无贡献。弗里德曼在《实证经济学方法论》中提出的检验经济学理论的标准是一个理论能否禁受得住预测的检验，这一点笔者是非常认同的。经济学理论可以用于预测和可以经受实践检验同样重要，预测是实践检验的前期，做出预测之后，就是实践的检验。

弗里德曼的自知之明

弗里德曼其实对自己的学术问题心知肚明。当有人夸奖弗里德曼"智力高人几级"时，弗里德曼就批评说："不要说言不由衷的话，教了你那么多次还不记得。你不可能不知道我当年是怎样的。"另外，英国金融时报2003年6月7日也曾刊发《与米尔顿·弗里德曼共进午餐》的文章。弗里德曼在文章中承认："以货币数量为指标，一直没有获得成功。我不能肯定自己会像以前那样努力推广这种做法。"可见弗里德曼晚年对自己的理论也不自信了。

第四节　弗里德曼的"自然失业率"本质是凯恩斯主义的"充分就业临界点"

让弗里德曼走向学术巅峰的是他在1967年担任美国经济学会会长时发表了"货币政策的作用"演讲，该文推翻了菲利普斯曲线，从而真正打败了当时凯恩斯学派的代表——新古典综合派。但是弗里德曼的核心成果——自然失业率，其实在凯恩斯的《就业、利息和货币通论》中早已有之，并且菲利普斯曲线本身也是违背凯恩斯意愿的。"菲利普斯曲线之争"的本质是一群凯恩斯的继承者做出了违背凯恩斯的事情，而反对凯恩斯的弗里德曼则变相地恢复了凯恩斯的主张。

菲利普斯曲线复活了货币政策

菲利普斯曲线是宏观经济学的分析工具，但不能算是凯恩斯经济学的分析工具，只是由凯恩斯学派的后继者提出的。1958年，菲利普斯根据英国1861—1957年间失业率和货币工资变动率的经验统计资料，提出了一条用以表示失业率和货币工资变动率之间交替关系的曲线。这条曲线表明：当失业率较低时，货币工资增长率较高；反之，当失业率较高时，货币工资增长率较低，甚至是负数。1960年，萨缪尔森和索洛将原来表示失业率与货币工资率之间交替关系的菲利普斯曲线发展成为用来表示失业率与通货膨胀率之间交替关系的曲线。

菲利普斯曲线给人的感觉是可以通过容忍通胀降低失业率，而通胀又是可以通过增加货币实现。菲利普斯曲线复活了货币政策，将凯恩斯本人反对的"货币调控"重新请回了宏观经济学。这并不符合凯恩斯主义的本质，更不符合凯恩斯本人的意愿。

萨缪尔森也知道菲利普斯曲线的弊端，这一点他的弟子阿克洛夫在

《过去六十年宏观经济学的教训》的文章中有详细记载。阿克洛夫讲到萨缪尔森在麻省理工学院上课时提醒全班注意这种传统思维可能存在的一个问题，他说："也许在高就业率的情况下，通胀型工资和价格变化会导致通胀预期上升。而且，如果把这些更高的预期本身加到工资（和价格）变化上，通胀就会加速。因此，权衡不是发生在失业和不变的通胀水平之间，而是发生在失业和通胀加速之间。"萨缪尔森透露了自己对这一命题的看法。如若相信这一命题，那将导致紧缩型政策：以维持低通胀为目标，会造成高失业率。因此，如果错误地相信加速理论，那将带来高昂的代价。通胀下降只是缓解了一个小麻烦，但由此造成的失业率增加将使人们失去工作，生产将下降。相反，即使加速理论被证明是正确的，如果政策制定者不相信它，这一错误的代价也不会大。错误信念导致的通胀上升只会造成福利的小损失。此外，当通胀被迫回归正常水平时，通胀上升时期的过度就业很大程度上可以抵消高失业率带来的损失。然后，碰巧的是，仅仅三年半之后，萨缪尔森就不幸言中了。弗里德曼在美国经济学会的演讲中，将通胀加速理论作为主题。该演讲与此后不久发生的滞胀一起引爆了宏观经济学领域。后来，萨缪尔森公开承认为此失眠。阿克洛夫发现那堂课上萨缪尔森把凯恩斯宏观经济学圣殿的主要秘密都托付给了这些学生。他还透露，如果这个秘密被人知道将会产生的不良后果。麻省理工学院的研究生没有人把菲利普斯曲线的加速理论作为研究课题。对于这些学生来说，研究通胀加速理论是不可想象的，因为他们的道德义务是保守这个秘密。

弗里德曼回归了"原教旨凯恩斯主义"

弗里德曼利用"通胀加速"推翻了菲利普斯曲线，但关于"通胀加速"的问题，凯恩斯在《就业、利息和货币通论》第二十一章中早有答案，这一章为《物价论》，专门讲"通胀"问题。从行文我们可以看出，这一章凯恩斯写作得十分用心，也是全书最精华的章节之一。但我们从多个方面感觉萨缪尔森很可能没有熟读过这一章，如果萨缪尔森熟读过这一章的话，就不可能不把凯恩斯的通胀理论写入他的经济学教材。萨缪尔森经济学教材中的通胀理论完全看不到凯恩斯经济思想的影子。凯恩斯认为一切宏观经济政策，必须以"充分就业"为界限，如果过了"充分就业"的临界点，就会出现通胀。弗里德曼提出的"自然失业率"其实就是凯恩斯所说的"充分就业"的临界点，两者本质上是一回事。我们可以用一个公式表示：

完全就业＝充分就业＋自然失业

凯恩斯一直强调的是"充分就业"，从来没有强调"完全就业"。我们有理由相信，弗里德曼是熟读凯恩斯《就业、利息和货币通论》第二十一章的。弗里德曼其实反对的不是凯恩斯，而是以萨缪尔森、索洛为代表的"新古典综合派"。弗里德曼提出"自然失业率"理论反而是打倒了"冒牌的凯恩斯主义"，回归了真正的凯恩斯主义。

菲利普斯曲线本质是凯恩斯学派对凯恩斯思想的偏离，是凯恩斯经济学发展过程中的一个弯路与插曲。"相机抉择"的货币政策本身不属于凯恩斯学派，而应该是货币学派。弗里德曼虽然认为平时应该遵循"单一规则"，但是遇到经济危机与通货膨胀，他还是主张极端货币政策的，因此货币学派的本质也是"相机抉择"。

后来，卢卡斯用"理性预期"理论否定了"相机抉择"。从本质上来说，卢卡斯也并不是对凯恩斯学派的否定，而是对货币学派的否定。"理性预期"否定的是货币政策的作用，而不是财政投资的作用。凯恩斯学派的核心特征是"财政调控"，《就业、利息和货币通论》之后的凯恩斯是从根本上反对货币调控的。

第十一章

"系统性金融风险"理论

第一节 "金融系统性风险"理论与模型

"系统性风险"是2008年金融危机之后引起世界广泛重视的一个宏观经济概念，但至今世界经济学界仍缺少权威的研究成果。

"系统性风险"的概念最早由美国诺贝尔经济学奖得主威廉·夏普在《投资组合分析的简化模型》一书中提出。20世纪60年代，他在将经济学家马科维茨的"资产选择理论"进行深化，并创立自己的"资本资产定价模型"的过程中，把马科维茨资产选择理论中的资产风险分解为资产的"系统性风险"和"非系统性风险"。

系统性风险即市场风险，指由整体政治、经济、社会等环境因素对证券价格所造成的影响。 威廉·夏普用"系统性风险"这一名词来描述一项投资中风险的一个部分。系统性风险就是指证券市场中不能通过分散投资加以消除的风险。

夏普作为一名微观金融研究者，更多的是将系统性风险作为一个参数，并非要真正地研究系统性风险本身。 国际货币基金组织、国际清算银行、金融稳定理事会在2009年向G20财长的报告中首次提出将"系统性事件"定义为"由于金融系统的部分或全部功能受损引发的金融服务功能扰乱，并且可能对实体经济造成严重负面影响的风险"。国际证监会组织在2011年发表的题为《消除系统性风险：证券监管者的角色》的讨论稿中提出"系统性风险是指单个或一系列的事件或行为对金融系统造成广泛的负面影响，进而影响经济的可能性"。

经济学界研究金融风险比较有名的当属明斯基。明斯基是凯恩斯传记的作者，他提出了金融脆弱性理论和金融不稳定假说，其理论主要是从银行的信用创造和企业的过度贷款角度研究金融风险。**但在笔者看来，明斯**

基的研究也是局限于"微观金融风险"的叠加，谈不上是对"系统性金融风险"进行研究。

笼统地谈"系统性风险"是没有意义的，系统性风险应该分为政治系统性风险、经济系统性风险和金融系统性风险三类。政治系统性风险主要是由政权更替或政府换届引起的系统性风险；经济系统性风险主要是由重大的经济事件冲击或是由宏观经济周期引起的系统性风险，最常见的就是经济危机；金融系统性风险是由政府的货币调控引发的系统性风险。其中，政治系统性风险只能预测，很难治理；经济周期引起的系统性风险人类已经研究得比较透彻；目前被忽略的是"金融系统性风险"。因此，我们有必要将其作为一个单独的命题提出来进行研究。

系统性风险理论研究长期没有进展就是研究的命题过于宽泛，而缺乏聚集。在笔者看来，现代社会所面临的金融系统性风险主要是由金融产品嵌套和货币调控引起，即：

金融系统性风险＝货币调控 × 金融产品嵌套

在这个模型中，"金融产品嵌套"是金融系统性风险的来源，而货币调控则是系统性金融风险爆发的"导火索"，金融系统性风险爆发的过程中，两者缺一不可。如果仅仅有金融产品嵌套，没有货币调控，系统性金融风险爆发的可能性要小很多；如果仅仅有货币调控，而没有金融产品嵌套，也不会爆发金融系统性风险。但金融产品嵌套是现代金融的基本特征，是不可避免的。为了降低金融系统性风险，只能在牺牲金融产品嵌套和牺牲货币调控中"二选一"。在笔者看来，不应该对金融发展进行抑制，而是应该进行深化。因此，我们只能从减少货币调控的角度降低金融系统性风险，而且这在理论上也是可行的。笔者在前面提出了"最优中央银行货币利率"理论，根据这一理论，货币调控并不是必须的。

由"金融产品嵌套"引起的金融风险与明斯基强调的由"信贷"导致的金融风险不同，信贷导致的金融风险是彼此孤立的，相互之间并不关联，最多是风险的集合，虽然这种"风险集合"导致了金融脆弱，但算不上是"系统性"的风险，与"系统性风险"有着本质的区别，而金融产品嵌套的风险天然带有"系统性"特征。进入现代社会，产业因素导致的经济危机已经很少见，"金融系统性风险的爆发"已经成为导致经济危机的重要因素。

在笔者看来，人类社会现在面临的重要矛盾就是"周期性爆发的金融系统性风险"与"人类追求美好生活之间"的矛盾。现代社会，物资已经足够丰富，交通也足够便利，大部分民众在工作之余，每天想的就是如何更好地享受生活，而一旦爆发"金融系统性风险"，进而导致经济危机，人们的这种稳定自由幸福的生活就会马上被打破，这才是民众最不愿意看到的，也是最无法承受的。"金融系统性风险"已经成为导致经济危机的重要因素，所以，现代社会的一个重要矛盾就是"周期性爆发的金融系统性风险与人类追求美好生活之间的矛盾"。我们只要消灭了隐藏在经济体系内的金融系统性风险，人类的生活就会有极大的提高。而现在触发金融系统性风险的核心因素就是"货币调控"，所以我们一定要尽量放弃频繁的"货币调控"，改为"最优中央银行货币利率"为基础的货币利率政策。

第二节 奥地利学派、理性预期学派和供给学派为何并非宏观经济政策的主流？

如今，许多经济学家对宏观经济学的理解还停留在"凯恩斯大战哈耶克"的笑谈中，但在世界宏观经济学领域，早就不存在什么哈耶克与凯恩斯之争了。如果一个经济学者，开口闭口亚当·斯密、凯恩斯、哈耶克，基本上可以断定这个学者的经济学还处于比较初级的水平。"二战"之后，世界宏观经济学"政策之争"主要体现为凯恩斯学派、货币学派与供给学派之间的争斗，供给学派因为理论不完善而不被主流承认，所以现代宏观经济学的政策之争主要是凯恩斯学派和货币学派之间的争论，而奥地利学派一直处于主流之外的边缘状态。

奥地利学派的核心理念已经被现代经济学否定

首先，奥地利学派的经济周期理论在20世纪大萧条时提出后不久就破产了，而且从理论和实践两方面都实现了破产。奥地利学派是认同货币政策作用的，它的经济周期理论被称为"过度投资理论"，认为降低利率会导致企业过度投资，这在现实中完全不存在。经济大萧条时，降低利率不仅没有出现过度投资，正常投资都很难保障。因此，奥地利学派的理论在实践中是破产的，而凯恩斯在《就业、利息和货币通论》中提出了"资本边际效率崩溃理论"和"灵活偏好"理论，成功地解释了奥地利学派的经济周期理论为何在理论上也是错误的。因为在大萧条时，企业的资本边际效率是崩溃的，无论如何降低利率都不可能将利率降低到企业的资本边际效率之下，因此降低利率并不可行，而且当时民众都具有"灵活偏好"的货币倾向，宽松的货币更多地变成货币窖藏和储蓄，因此，降低利率和宽松货币将导致流动性陷阱。凯恩斯的理论一提出，就统一了整个经济学界，奥地利学派的米塞斯和哈耶克等人与此同时也意识到了自己的错误，从而主动退出了经济学界。

奥地利学派退出主流经济学界之后，开始专攻意识形态领域。奥地利学派坚守的一些意识形态理论也被现代主流经济学一一破解，比如奥地利学派将宏观调控当作微观干预进行批判，这本身犯了萨缪尔森所说的"分解谬误"；奥地利学派坚持的私有制理念已经被主流经济学的"公共产品"理论否定；奥地利学派坚持的完全竞争理念已经被主流经济学的垄断竞争理论、有效竞争理论否定；奥地利学派的自由放任理念已经被主流经济学的风险和不确定性理论否定……因此，只要经过完整的现代经济学学习的经济学家几乎很少有人对奥地利学派感兴趣。

没有被否定的奥地利学派的理论是哈耶克提出的"知识理论"。然而这个理论也被笔者否定了。笔者认为哈耶克口中的知识更多的是微观知识，而微观知识是政府干预经济所不需要的；在"宏观知识"领域，政府则具有优势。政府进行经济管理，只需要掌握宏观知识就行。

奥地利学派代表的是20世纪30年代之前的经济学水平，那时的经济学看似自圆其说，其实很多"隐含假设"没有被发现。随着竞争理论、公共产品理论、风险不确定理论、金融不稳定学说的陆续提出，主流经济学早就出现了进步，而奥地利学派却一直止步不前。奥地利学派的理论对经济学初学者有一定的蛊惑作用，但受到过现代经济学训练的学者对他们的理论是具有天然免疫力的，西方经济学理论也是在不断优胜劣汰的。只要一些科学的经济学概念和理论被提出，与这些概念相抵触的意识就自然就被淘汰。人类经济学的进步就是靠一系列的概念和理论推动的，经济学之间的竞争本质是概念对概念，理论对理论的竞争。当然，微观经济学早就不再相信一般均衡，而是走向了"机制设计和市场设计"阶段。

理论预期学派也是宏观经济学中的重要一支，但理论预期只是方法论创新，没有完善的政策主张，因此对宏观经济政策的影响不大。卢卡斯本人来中国接受媒体采访时也指出："众所周知，格林斯潘解决了美国经济当中的许多问题，但他却没有获得诺贝尔奖。我得了奖，但几乎没有人在实际工作中采用我的理论。"这说明卢卡斯清楚地知道理性预期学派缺少政策影响力。

供给学派也是宏观经济学中的重要一支，但是供给学派只靠一条拉弗曲线支撑，缺乏自圆其说的理论，在实际中也无法验证其理论，因此在学术界影响很小。供给学派的影响力主要是依靠其理论的功利性价值，但随着供给侧减税造成的政府债务问题越来越严重，供给学派在实践上的影响力也越来越小了。

当代宏观经济学最具政策影响力的还是凯恩斯学派和货币学派，宏观调控本质还是凯恩斯学派财政调控和货币学派货币调控的竞争，但是货币学派具备一些明显的缺点。

第三节 "货币调控"的弊端与"宏观逆淘汰"现象

信息时代的货币调控会引发金融系统性风险

随着交通工具和信息工具的不断升级，以及互联网、移动互联网、社交软件的出现，经济日益成为一个紧密的主体。这种紧密联系让整个经济的系统性风险变得异常集聚。每一次货币调控，特别是货币紧缩，必然会引发金融系统性风险。例如，一个大型建设项目的融资往往涉及多家金融机构，综合运用多种金融工具，金融产品结构嵌套多达四五层，而这些金融资本背后又涉及成千上万，甚至几十万个投资人。现代金融提高了金融效率，分散了金融风险，是非常必要的创新，然而却增加了系统的脆弱性。这种金融环境对经济系统稳定性的要求更高。因为一个非常小的货币和金融政策的异动，都会导致整个经济系统的崩溃，使几十万人倾家荡产，所以出台货币调控政策必须慎之又慎，能不动则不动。

另外，因为实体经济与金融经济的高度融合，企业与投资人的高度融合，受经济周期或货币政策影响的不仅仅是企业，还有企业背后无数的金融投资者，这与以前的经济时代是完全不同的。现代社会用货币调控经济，金融系统性风险是无法避免的。

货币政策调控导致部分群体为调控做出巨大牺牲

人类经济实现从"自由放任"到"逆周期调节"是巨大的进步，这种"逆周期调节"对于避免经济危机、降低经济危机的危害确实起到了非常好的作用。但这种货币调控往往是在牺牲部分经济群体利益的情况下运行的，有时候这种牺牲非常惨烈，甚至影响面特别广，而且会直接返回来威胁整体经济的运行。货币紧缩传导到金融末端的表现就是金融机构突然对中小企业抽贷、断贷，导致大批中小企业倒闭。对于金融企业来说，这种货币紧缩在造成金融企业倒闭的同时，还会导致大批的个人投资者亏损，甚至血本无归，严重时还会引发社会动荡。

货币调控的本质就是"惩罚式调控"，是"用惩罚一部分人的方式去拯救另一部分人"。因此，每进行一次货币调控就会有一部分人要做出牺牲。无论是货币宽松还是货币紧缩，都有一批人是受害者。

货币政策传导"时滞"必然会调控过度

货币政策作为经济调控手段，自身也有一定的问题，就是货币调控效果具有比较长的"时滞"。货币政策发挥作用，一般会有半年的传导时间，在这半年的"时滞"内，中央银行往往不会选择坐等货币政策发挥效果，而是会持续加码，最后的结果就是矫枉过正。也就是说，经济调控要想调控到位，必然会调控过度。货币调控的原则应该是"拧紧螺丝松半圈"，以解决"时滞"问题，但是中央银行很少采用"拧紧螺丝松半圈"的货币调控原则，往往拧紧螺丝后就不再松动，最后导致整个经济体系长时间处于紧绷状态。本来是为了抑制经济波动而出台的货币政策，反而成为导致经济危机的根源。另外，现代经济各行业的产业链都非常长，产业链越长，货币调控反应越慢，货币调控的效果也大打折扣。关于这一点，美联储前主席格林斯潘也有过表述。

企业家不具备预测与应对货币政策周期的能力

面对频繁的宏观经济调控，企业家应该对经济调控有所预期，并提前做好防备，但事实是企业家对此往往是毫无防备。企业家根本做不到卢卡斯所宣扬的"理性预期"，因为企业家一心经营企业，大多数人并不具备经济学知识，甚至不关注财经新闻，只能被动地接受宏观经济调控的结果，等货币紧缩波及自己的时候为时已晚。而且中央银行对货币政策进行调控往往难以预测。为了避免资本市场投机行为，中央银行通常采取让市场无法预期的货币政策变动。其实，企业家作为个体想应对经济周期也很难，他们的命运往往掌握在金融机构手里，而金融机构的决策也是不可预测的。

宏观经济周期会导致"逆淘汰"，淘汰的很多都是优秀企业

经济发展本该优胜劣汰，但是由经济周期导致的企业淘汰则正好相反。正常经济危机周期淘汰的往往是竞争力比较弱的企业，货币调控周期淘汰的往往是资金杠杆大的企业，但这些企业之所以比较容易加大杠杆，是因为它们比较优秀，竞争力强，受到金融机构青睐。经济危机来临时，市场规模会突然变小，大企业难以进行业务调整，也容易最先倒下。**在金融紧缩时期，企业杠杆越大，越容易发生资金链断裂。因此，货币紧缩会导致逆淘汰，淘汰的都是竞争力比较强的企业**。笔者将这种因宏观经济问题导致的企业逆淘汰现象称为"宏观逆淘汰"。传统的企业越大越安全的理论在经济周期和货币调控周期面前并不适用，因为面对经济周期或货币政策调整时往往是企业越大越脆弱。为了避免这种"宏观逆淘汰"，我们也应该让经济尽量不要发生剧烈波动。

"货币扩散效应"导致货币数量调控具有短期性

货币政策的有效性来自"扩散效应"。扩散效应具有短期性，货币在经济体系内扩散完毕，经济宽松的效用就结束了。增长的货币存在一个从生产领域向消费领域扩散的过程。当集中到生产领域时，确实可以短期促进一些依赖债权的企业的融资情况好转；当扩散到消费领域后，对企业的促进作用就开始消失。同时，扩张的货币不能超过企业的需求，超过企业的需求就会出现通胀。

货币的扩散效应不同于经济学中的"坎蒂隆效应",坎蒂隆效应是指货币扩散中不同的人受益不同。货币的扩散效应强调不同行业受益的先后,从生产到消费,大部分行业都是受益者。

宏观调控不精准

宏观经济问题本质也是由微观经济问题导致的,任何宏观经济问题都可以找到对应的微观经济问题,而货币调控则是不去找具体的微观问题,而且直接从宏观角度解决问题,这样的调控方式往往极其不精准,更多地伤及无辜。因为货币政策一旦调控,绝大多数行业都会受到影响。

第四节 低利率货币政策失灵的原因

在逆周期宏观调控政策中,财政政策是直接政策,货币政策是间接政策。财政政策的作用是毋庸置疑的,但是货币政策的作用却具有非常大的不确定性。我们再专题总结一下笔者以及学术界对货币政策失灵的研究。值得指出的是,宏观经济学中的"货币政策"主要是指货币宽松政策。

凯恩斯关于低利率货币政策失灵的解释

凯恩斯主要是利用其"资本边际效率崩溃"理论来论证货币政策失灵的。当资本边际效率崩溃时,企业基本没有利润,这时无论怎样降低利率,都无法刺激企业加大投资。凯恩斯一直强调企业自身的利润率是最关键的,当企业没有利润时,无论多么低的利率都无法促进企业投资。关于这一点,弗里德曼也是承认的,他在《货币政策的作用》的论文中写道:"你可以拉着一匹马到水边,但你不能强制他喝水。"关于紧缩性货币政策的作用,凯恩斯也是质疑的,他在《就业、利息和货币通论》第二十二章"经济衰退的原因"一节中指出:"繁荣后期的特征是一般人对资本品的未来收益做乐观的预期，因此即使利率上涨都不能阻止投资的增加。"

另外，凯恩斯还从"灵活偏好"的角度对货币政策进行了解释。当利率很低时，民众更偏好现金，这样无论增加多少货币，都会掉入"流动性陷阱"。

笔者对货币政策失灵的解释

在本书中，笔者从货币政策与金融机构激励相容的角度解释了货币政策失灵的原因。凯恩斯的资本边际效率崩溃导致的货币政策失灵，只是发生在严重萧条时期；正常经济时期，企业是有利润的，因此低利率可以起到一些刺激作用。但是，这时损害的不是企业的利益，而是金融机构的利益。金融机构是高利率偏好的，当利率极低时，金融机构缺乏足够的利润覆盖风险，也缺乏利差激励，导致金融机构难以支持实体经济。在本书中，笔者提出资本边际收益率崩溃时，货币政策也是失灵的。因为货币政策的实施必须依赖金融机构。也就是说，凯恩斯只是指出了萧条时期货币政策失灵的原因，笔者则指出正常经济时期货币政策失灵的原因。不仅企业的资本边际效率崩溃会导致货币政策失灵，而且信贷类金融机构的资本边际收益率崩溃同样会导致货币政策失灵。

卢卡斯从理性预期角度论证货币政策失灵

卢卡斯提出的著名观点是"卢卡斯批判"。"卢卡斯批判"是在弗里德曼的论述基础上修正而成的。弗里德曼认为通货膨胀后，工人会在货币幻觉的影响下加大就业参与率，但是一旦工人意识到上当，工人失业率仍然会上升。卢卡斯认为工人具备理性预期，当政府提高通货膨胀时，工人会意识到自己名义工资上升的同时，实际工资不会增加，所以就业不会增长。

实际上，工人既不会进行适应性预期，也不会进行理性预期，至少绝大部分工人不会进行货币幻觉下的名义工资换算为实际工资。另外，货币政策的发挥作用，也不是通过增加工人的参与实现的，而是通过降低利率刺激企业投资实现的。因此，卢卡斯的理论只是无法验证的假说。因为其前提假设存在着巨大错误，所以结论是不值得参考的。工人就业量的周期波动是企业雇佣周期导致的，工人自身预期因素微乎其微。

在现实中，导致货币政策失灵的主要还是三种原因：第一，是经济萧条时企业家的资本边际效率崩溃导致低利率无法对其起到刺激作用；第二，低利率对金融机构本身就是一种"负激励"，导致金融机构不再愿意扩大对实体企业的融资；第三，低利率对民众理财也是"负激励"，导致民众更愿意持有现金，而非用于投资的理财产品。

第五节 "无感调控"和企业家"无预期"理论

对于经济治理来说，政策、制度、法律三者是"三位一体"的，缺一不可。制度和法律无论怎么完美都替代不了政策，这是因为法律和制度都是静态的，只有政策是动态的。同时，经济也是动态的。只有动态的政策才可以应对动态的经济。因此，对于经济治理来说，经济政策非常重要。

在宏观经济学中，凯恩斯学派虽然意识到了"无波动增长"的重要性，却没有提出"无感调控"的概念，也没有这方面的意识。因为财政调控本身就是接近"无感"的，但是货币调控却是有感的，而且是"有痛感"的。因此，我们正式提出"无感调控"的概念，而且笔者认为"无波动增长"只有与"无感调控"结合起来才是最完美的经济调控模式。

"无波动增长"是宏观经济治理追求的目标之一

自从凯恩斯创立宏观经济学以来，经济学家就一直追求"无波动增长"，俗称"熨平经济周期"。从现实来看，这是必要的。第一，企业发展受不了波动，无论多么辉煌的企业，只要几个月没有订单就容易倒闭，企业家多年的积累就可能毁于一旦；第二，企业职工也受不了波动，失业是任何一个人都不愿意遇到的。

经济波动的本质是"经济内部能量的不均匀释放"和"经济内部矛盾的集中爆发"。促进经济增长的能量一般有四种，分别是科技的进步、消费的提升、交易范围的扩大和生活方式的转变。经济内部矛盾既有供需矛盾，也有货币与实体经济之间的矛盾，还有金融体系内部的矛盾。

我们根据经济波动的类型，可以将经济分为两种：温泉型经济和火山型经济。温泉型经济就是经济能量温和、经济矛盾缓慢释放的经济；而火山型经济则是经济能量和经济矛盾集中爆发的经济，表现像火山一样，在一段时间剧烈释放，又在一段时间休眠。温泉型经济是必须经过控制才可以实现的，而火山型经济则是对经济控制不力的结果。

不少西方国家的经济是火山型经济，而中国经济则是温泉型经济。显然，温泉型经济是好的、理想的，是我们要追求的经济情形，但温泉型经济的实现则需要调控的艺术，更需要相应的制度做保障。因此，"精准调控""综合调控"的艺术必不可少。

凯恩斯之所以形成政府干预经济过程的思想，是因为凯恩斯相信："我们这个时代的诸多大型经济灾难，大多数源自风险、不确定性和无知。这些灾难的发生，是由于某些个人凭借他们的地位或才能，能从不确定性和无知中牟利；也出于同样的原因，大企业经常是在风险的分布之下的幸运儿，造成财富分配程度上的巨大不平等。"

"无感调控"理念的提出

"经济调控"本是好事，但是经济调控也是要付出代价的，有的时候这种代价非常大。主要原因是现代经济调控过度倚重"货币手段"，货币政策实施的过程中必然会伴随"货币宽松"和"货币紧缩"，"货币宽松"受害的是信贷类金融机构，会导致它们的利差下降，"货币紧缩"对微观经济个体的危害则非常大，甚至是规模越大的企业，越容易受到"货币紧缩"的危害。回顾历史，我们会发现每次经济调控都会有一批大企业倒下，导致人们"闻调控而心惊"。因此，笔者提出"无感调控"的概念。"无感调控"就是让民众或企业几乎感觉不到调控的存在，但依然达到调控的目的。如果人类真正实行了"无感调控"，那时宏观调控才算得上是走向了成熟。

"无波动增长"也只有与"无感调控"结合起来的经济才是比较完美的状态，但是目前人类一直在往"无波动增长"的方向上努力，"无感调控"还没有被主流经济学界意识到，笔者提出"无感调控"的理念就是要对现行的宏观调控方式进行优化升级。笔者研究宏观经济学的核心主张也是要实现"无感调控"。当然，这是不容易实现的。这就像一副药去除其毒副作用一样难，需要我们对经济进行更深入、更精细的理论研究与创新。

"无感调控"不仅是一种新型调控理念，也是现代经济调控的一种趋势与必然要求。人类对经济的调控方式本应该就是不断优化的，而且是存在这种优化空间的，正如汽车一直在优化其减震系统一样，我们在熨平大的经济周期的时候，也不能因调控而又产生小的周期，而且也不能因为平抑经济周期的道德正义就可以对市场主体造成不必要的伤害。经济调控不能给民众带来"次生危害"。

民众的"风险厌恶"与企业家的"无预期"状态

民众和企业家都是"风险厌恶"的，"无感调控"的本质是"将负重前行交给政府，民众只管享受岁月静好"。

"无感调控"至少要做到两点：一是"企业无感"，二是"民众无感"。要做到"无感调控"就不能"信贷忽紧忽松"，"利率忽高忽低"，让企业预期非常不稳定。

当然，比"预期不稳定"更可怕的是"企业家无预期"。"企业家无预期"是指企业家对未来货币政策以及货币政策之外的其他宏观经济政策的变化不做任何预测，不提前采取任何对策。"企业家无预期"是独立于弗里德曼提出的"适应性预期"和卢卡斯宣扬的"理性预期"之外的一种独立的第三种企业家预期状态。"企业家无预期"才是现实常态。在现实中，企业家不做"适应性预期"，也不做"理性预期"，只是被动接受调控的结果。因此，"企业家无预期"应该成为政府制定经济政策的主要基础前提。

正因为企业家和民众对宏观经济政策变化处于"无预期"状态，而且企业家和民众都是"风险厌恶"的，所以"无感调控"才显得非常必要。"无预期"和"风险厌恶"也是"无感调控"的哲学基础。

与"无感调控"相对应的是"痛感调控"，是通过对企业造成"痛感"从而改变其投资行为的调控方法。"痛感调控"本质是一种"惩罚式调控"，各国的中央银行目前所做的事情就是根据经济形势发展，周期性地帮助或惩罚企业。

第六节 "精准调控"理论

1945年，荷兰经济学家丁伯根在担任荷兰中央计划局局长期间提出了"丁伯根法则"，指出为达到一个经济目标，政府至少要运用一种有效的政策；为达到几个目标，政府至少要运用几个独立、有效的经济政策。丁伯根法则告诉我们：一种工具，实现一种政策目标最有效率，而如果试图用一种工具实现一种以上的政策目标时，便会因目标之间的冲突而降低效率。丁伯根是1969年首届诺贝尔经济学奖的获得者。"丁伯根法则"就包含了笔者提出的"精准调控"的思想，但是"丁伯根法则"长期无法得到实施，关键就在于"精准调控"背后的理论问题没有解决。

"精准调控"是笔者在2013年提出的一个经济学概念，也是针对"货币调控"的非精准性提出的，之后就一直致力于建立"精准调控"背后的理论。在本书中，笔者主要从四个方面对"精准调控"进行了理论完善，一是提出了"内生性与外生性通胀"理论，对通胀进行辨证分类；二是提出了"量化财政调控"理论，提高了财政调控的精准性；三是对产业政策调控建立了新的理论基础；四是对资本边际效率崩溃式萧条和资本边际收益率崩溃式萧条进行了区分。

笔者提出"精准调控"理论不是财政调控、产业调控和行政调控三种调控方式的简单组合，而是对其背后的理论基础进行了更新。现代宏观调控主要是针对"通胀"和"经济周期"两大问题展开的，这两方面笔者也都进行了理论创新。

因为货币调控弊端很大，因此我们必须尽量放弃货币调控，改为精准调控。

通胀与经济周期一致时的调控

对于通胀通缩和经济周期的调控我们应该分为两种情况来谈。当通胀通缩和经济周期同步时，我们可以用同一种手段处理，当经济出现内生性通胀时，货币周期与经济周期一般都是同步的。通过我们在前面章节的分析就会发现，当货币周期与经济周期同步时，单一采用财政调控可以同时实现这两个目标。在前面的章节中，笔者用很大的篇幅对通货膨胀理论进行了创新，提出了"内生性通胀"与"外生性通胀"的理论，指出了"内生性通胀"可以与宏观经济实现顺周期。因此，在没有"外生性通胀"的情况下，无论是控制通胀，还是调控经济增长，都可以通过财政调控的方法实现。因为"内生性通胀"本质是由经济增长引起的，内生性通胀与经济增长是顺周期的。在经济发展过程中，特别是对于发展中国家来说，内生性通胀是经济的主流，是因为经济过快引起的，属于"经济增长性通胀"，其产生的核心原因"劳动生产率通胀"是由工资推动的，是正常经济增长的副产物，只有大幅度经济过热引起的通货膨胀才需要治理。

"内生性通胀"需要治理的情况比较少，但在发展中国家仍然存在。根据经验，一般当通胀幅度超过5%的时候，人们的感觉就会非常强烈，整个社会就会因通货膨胀产生焦虑、躁动等情绪，社会就会变得不稳定。

5%的通胀率只是个平均值，当平均物价上涨5%的时候，就意味着很多商品的价格上涨超过了10%，甚至更多。因为通胀从来都是从少数商品开始的，特别是从生活必需品开始。所以通胀超过5%的时候，人们的感受就会非常明显。5%是我们根据历史情况积累的经验数据。

那么多大程度的经济增长水平可以引发5%的通胀率呢？根据我们前面的"经济增长—通胀"公式，内生性通胀率为经济增长率的一半。当经济发展净速度超过10%的时候，通货膨胀率就会达到5%。

也就是说，经济增长率只要不超过10%，通胀就不会对经济造成问题，也不会在社会上引起恐慌。一旦经济增长速度超过10%，就一定要对其进行调节。在发展中国家，经济增长速度超过10%是一件很容易的事情，也是经常出现的事情，**所以治理"内生性通胀"是发展中国家经常面临的问题，发达国家基本用不到。发展中国家一旦经济增速超过了10%，就必须想办法通过"降低经济增长速度"解决通胀**。降低经济增长速度的方法可以是减少政府投资，而尽量不用货币紧缩的方法。

货币周期与经济周期不一致时的调控

发达国家较少发生"内生性通胀"，主要以"外生性通胀"为主。"外生性通胀"不是顺周期的，也可以在经济停滞时发生，即我们熟悉的"滞胀"。"滞胀"的出现表明"货币周期"与"经济周期"开始出现不一致，这是经济发展过程中的特殊情况，需要采用宏观经济政策的"辨证策略"来应对。

"外生性通胀"可能是货币因素，也可能是生产要素因素引起的，要辨证施治。如果是"生产要素短缺"造成的"外生性通胀"则需要通过"产业政策"增加生产要素供给解决；如果是"货币因素"导致的"外生性通胀",则应该通过"减少货币投放"解决。

"资本边际收益率崩溃式萧条"和"资本边际收益率崩溃式通缩"的治理

通缩往往与萧条相伴,两者又可以互为因果:一方面,经济萧条会导致通缩;另一方面,通缩也会导致萧条。对于因为经济萧条导致的通缩,可以通过财政政策和产业政策进行治理,这是最传统的通缩类型。

还有一种通缩是货币政策的结果,而与萧条无关。这种通缩通常不是因为"发行货币"过少,而是因为"运行货币"过少导致,最根本的原因是过低利率导致的"资本边际收益率崩溃"。当资本边际收益率崩溃时,有效货币供给并不会增加,反而会减少,这种通缩,我们称为"资本边际收益率崩溃式通缩",这种"资本边际收益率崩溃式通缩"同时会导致"资本边际收益率崩溃式萧条",当两者同时出现时,通缩是根本,通缩治理好了,萧条也就消失了。这种通缩只有提高货币利率,提高资本收益率,才可以加速货币流动,提高"有效货币供给",最终走出"资本边际收益率崩溃式通缩"。

当代萧条主要有两种,传统经济周期中的萧条主要表现为凯恩斯提出的"资本边际效率崩溃",笔者在本书中还提出了一种新型萧条——"资本边际收益率崩溃式萧条",这种萧条随着廉价货币政策的频繁实行,已经成为危害人类经济健康的一种新萧条形式。这种萧条最早出现在日本,是导致日本经济"失去的三十年"的罪魁祸首。随着量化宽松货币政策的广泛应用,"资本边际收益率崩溃式萧条"已经开始全世界蔓延。

总之,经济周期、通胀、通缩可以分为很多情况,当经济出现通胀与经济周期一致时,我们可以通过"降低或调高经济增长速度"的方式走出通胀或通缩,这是财政政策非常容易做到的;当通胀与经济周期不一致时,也就是出现"外生性通胀"时,如果是生产要素短缺造成的,可以通过产业政策解决，如果是货币增发导致的外生性通胀时，可以用货币政策解决；当经济出现"资本边际效率崩溃式通缩"和"资本边际效率崩溃式萧条"时，可以通过提高货币利率解决。这样对萧条、通胀和通缩都做到了"精准调控"，才可以避免"滥用货币政策"伤及无辜。

笔者提出的"精准调控"主张之所以能够实现，关键是因为我们创新了通胀和通缩理论，没有通胀和通缩理论的创新，"精准调控"也无法实现。

第七节　财政政策的更加精准化
——"政府投资带动乘数"与"量化财政调控"

经济增长主要靠投资，消费和出口都是投资的结果。消费只对经济增长具有"存量贡献"，而只有投资才对经济增长具有"增量贡献"。因此，保持经济的"无波动增长"，控制"投资速度"非常重要。

凯恩斯经济学最早提出了"乘数"的概念，"乘数"理论也是凯恩斯经济学的核心之一。"乘数"理论是用来支撑"财政投资有效性"的，因此"乘数"理论对凯恩斯经济学的重要性怎么强调都不为过。但凯恩斯的"乘数"作用是很难计算的，因为中间环节太多，只能是停留于理论，而不能实际应用。

我们不主张在投资与国民总收入之间构建乘数关系，而是主张在"政府投资"与"社会总投资"之间构建函数，这样的乘数构建起来更直接，也更容易理解。因为政府投资对民间投资的带动是可以用事实证明的，也是显而易见的，是相对容易被测算或估算的，而且政府投资对社会总投资的带动乘数肯定也是大于1的。新投资乘数理论的提出，可以避免以前按照GDP公式进行政府投资规模计算的错误，是一种真正"量化财政调控"。

政府投资对民间投资的两轮带动作用

政府投资对社会投资具有带动作用，这种带动作用会分为两轮。政府投资中，真正具体实施的却是民间承包商，因此政府投资就可以先带动一波民间承包商的投资；政府工程不仅在建设期间会对民间投资有带动作用，而且工程结束后也会给民间投资带来巨大的商业机会，这时又会诱发第二轮民间投资。因此，政府投资对民间投资会有两轮带动作用。其中，第一轮是直接的，时间同步、金额相等的投资；第二轮则是滞后的，长时间持续的，却是规模更大的投资。

本文构建的"政府投资"对"社会总投资"之间的投资乘数的大小主要取决于政府投资对民间投资的带动，而政府投资对民间投资的带动在现实中不仅更容易计算，也更容易被看到，比如修建一条普通公路，公路两侧很快就会出现很多的商业街铺；修建一条地铁，地铁站周边很快就会出现一批楼盘，甚至楼盘建设得比地铁还快；高铁站旁边的高铁新城建设得比高铁还早……这些问题，很容易用现实来佐证。政府投资只是点燃民间投资的火柴，火柴点得好，整个社会的投资都会跟着火起来。

我们将政府投资对民间投资的带动称为"政府投资对民间投资带动系数"，那么"政府投资对社会总投资的乘数=1+政府投资对民间投资的带动系数"，进而我们可以计算政府投资对社会总投资增长的贡献：

政府投资对社会总投资的带动量=政府投资×政府投资带动乘数=政府投资×（1+政府投资对民间投资的带动系数）

我们建立政府投资新乘数，主要目的不是证明政府投资的有效性，而是为了更好地实行财政调控，也就是用于计算经济危机到来时，政府需要多少资金去进行政府投资，这才是我们的目的。

根据上面的公式，我们也可以对经济危机时期政府需要的投资量通过下面的计算得到：

政府新增投资＝我们需要的投资总增量/（1+政府投资对民间投资的带动系数）

有了这个新的计算方法，我们比以前根据GDP公式计算要精准得多。**无论是政府投资还是民间投资，都会存在对收入与消费的转化，这取决于投资各环节的利润以及其中工资支出的占比，只有这两部分才会转化为消费。**转化为消费的部分并没有凯恩斯想象的那么大，其总量也不会比对民间投资的带动量更大，核算起来也比较复杂。因此，在实践中，我们只能计算更容易估算的对民间投资的带动，而对消费和收入的带动只能作为一个参考因素，也将其考虑在内。

通过"新乘数模型"我们可以很容易地计算经济萧条时到底需要多少政府投资的介入才可以让经济恢复繁荣，这样就保障了政府投资的"精准性"，真正做到"精准调控"。

"减税效应""货币扩散效应"和"投资效应"的持续性比较

政府一般会通过"减税""扩张货币"和"财政投资"三种方式干预经济。"减税效应"一般是从消费端向生产端扩散，扩散完毕，效果结束，一般维持半年左右；"货币扩散效应"则是从生产端向消费端扩散，扩散完毕，效果结束，基本也是半年左右；相比前两者，"投资效应"持续时间更长，基础设施对生产力的改善是持续很久的，一般至少一到五年，但"财政投资"需要有一个"强政府"做基础，否则很难实施。对于"小政府"国家来说，"减税""扩张货币"则是很容易实施的，但其效果往往并不好。

政府投资不仅仅是因为其对改善经济萧条有好处，也在于其有存在的必要性，比如"公共产品"和"高供给难度产品"的投资本身就是政府的"分内工作"。

第八节 产业政策的理论基础：宏观知识理论
——政府作用与中国经验

1945年，奥地利学派的哈耶克在《美国经济评论》上发表过一篇《知识在社会中的运用》的论文，这篇论文也被《美国经济评论》评为百年经典论文。这篇文章对政府的"知识劣势"进行了批判，认为知识分散在民间，只可意会不可言传，政府不可能掌握，因此政府不可能为市场做规划或计划，在所有反对政干预经济的研究中，哈耶克这篇文章无疑是理论性最强的，也是影响最广的。不少看过这篇论文的人会对"政府作用"失去信心。在笔者看来，哈耶克的很多观点是错误的，他的错误就在于他没有对知识进行"宏观知识"和"微观知识"的区分。

"宏观知识"的概念定义

哈耶克在文章中所说的知识大概指的是"微观知识"，而政府无论是做规划还是计划都不需要掌握"微观知识"，这些知识能否"有效传递"与政府没有任何关系，政府不需要知道服装怎么生产，也不需要知道饮料怎么定价，政府只需要掌握"宏观知识"即可。政府在掌握"宏观知识"方面是具有优势的，而且随着人类文明越来越发达，"宏观知识"所占的比重也越来越大。

在学术上，"宏观知识"应该作为一个范畴被提出来。宏观知识往往立足于对整个国家、整个社会的宏观把握，可以是统计数据，又不完全是统计数据，统计数据只是"宏观知识"的一部分，比如对宏观现象的发现、对宏观情况的把握、对经济趋势的发掘等都属于"宏观知识"。"宏观知识"与很多"微观知识"一样，有时候也具有"只可意会不可言传"的特征，但只有从事宏观工作的人才可以发现并掌握这些"宏观知识"。当政府掌了这些"宏观知识"时，就可以将其用于经济发展或社会稳定。"宏观知识"的用处很多，不仅政府可以自用这些宏观知识，政府还可以将自己掌握的"宏观知识"传达给企业或民众，对企业或民众的生产生活产生促进作用，比如在古代"地图"往往是政府绘制的，"历法"也是政府编制的，"历史"也是政府记载的，甚至文化的传播也是政府行为，中国古代的"乐府诗歌"就是政府组织编辑的，但这些并不妨碍民间也使用这些知识。在现代社会，"宏观知识"很大程度上体现为政府定期公布统计数据，政府资助的研究报告等，这些宏观知识的成果都是对外公开的，是私人很难产生的，政府既是"宏观知识"生产者，又是使用者、传播者。

在现实中，政府对经济社会有重大作用。政府的产生本身也是人类的一个伟大发明，但是"政府的作用"一直没有从理论上得到解释，而"宏观知识理论"就可以很好地解释政府的作用。当年"社会主义经济核算大论战"期间，哈耶克就是利用"知识理论"来构建自己的主张，现在我们仍然可以通过对"知识理论"的创新对"政府作用"提出新认识。同时，"宏观知识"理论可以帮助大家走出哈耶克对知识的刻板印象，对"知识"的不同理解完全可以帮助我们重塑对市场与政府的认识。

"政府产业规划"就是发挥政府"宏观知识"优势的典型案例

关于政府利用"宏观知识"促进经济发展的案例不胜枚举，比如政府定期公布的"经济统计数据"就为民间企业的投资决策提供了重要参考。除了"统计数据"，政府还会利用自己的"宏观知识"优势积极制定"产业发展规划"，为企业家提供投资方向——企业家大多是"埋头拉车"，很少"抬头看路"，单靠企业家一己之力，他们发现大的商业机会的能力非常有限。如果政府将商业机会"明示"给企业家，企业家就可以迅速跟进。很多企业家的投资机会都是政府帮他们发现的。政府鼓励的产业大部分是薄弱产业，是需要大力发展的产业，其中蕴藏着大量的投资机会，政府的明文鼓励，不仅可以带来投资机会，也会同时带来资本和政策，对于政府明确鼓励的行业，金融机构也一般会积极给予资本支持。在政府的鼓励下，企业同一时间进军某个行业，可以带来行业的"规模效应"，迅速形成产业链、供应链优势，可以避免或降低单一企业或少数企业进行行业探索过程中的试错成本，也可以避免单一或少数企业进行市场突破过程中出现的生产要素短缺和市场认知度低等问题。

笔者在对中国经济的长期观察中发现，政府只要想重点发展哪个行业，哪个行业就会很快发展起来，而且政府鼓励发展的产业绝大部分都是中国急需要发展的产业，从出口导向制造业到房地产，从装备制造到清洁能源，从新能源汽车到5G信息技术等，只要进入中国政府产业规划的产业很快就会跻身世界前列。

西方学术界和政策制定者开始重视中国模式

不仅生在中国的经济学家对"政府产业规划"的作用深有感触，很多海外学者也持有类似看法，比如经济学家邹至庄在《我的老师弗里德曼》的纪念文章中写道："弗里德曼对自由市场很有信心，相信它能解决几乎所有的经济问题。我在芝加哥大学毕业后也持有同样的观点。1955年，我到麻省理工学院斯隆管理学院任教，我的思想开始改变。在麻省理工学院，我受到保罗·萨缪尔森和罗伯特·索洛的影响，开始发现政府在经济中的作用。我认为在发展中经济体中，政府有一个重要的角色：影响新兴产业的发展。"邹至庄是市场化的旗手人物，又是弗里德曼的亲传弟子，能有这样的思想转变实属不易。

不仅是学术界的人，就连西方国家的经济政策制定者也开始思想转变。从一些美国学者和政策制定者的言论可以看出，世界主要大国对产业政策和政府作用的认识正"趋于一致"。

其实，目前人类只是从"实践层面"认清了政府产业规划的优势，但真正从理论上将这种优势讲清楚的，恰恰是我们提出的"宏观知识理论"。政府之所以能够制定"产业规划"，就是因为政府具有"宏观知识优势"。"宏观知识优势"是政府制定产业规划之本，是政府在经济管理中发挥作用的理论基础，而所谓"自由市场"显然缺乏这些知识，或是说，自由市场浪费了这些"宏观知识"。从"宏观知识"视角就可以发现，"自由市场"根本无法对"政府作用"形成有效替代。

利用"宏观知识"发挥"政府作用"与传统凯恩斯经济学"政府投资"的区别

在传统凯恩斯经济学中，政府发挥作用的空间主要是"政府投资"。"政府投资"可以拉动内需，形成经济增长，但在我们的"宏观知识理论"中，政府不需要投资，只需要进行"投资方向"的规划就行。真正的"投资主体"仍然是企业，这两种情况是完全不同的。传统凯恩斯经济学强调的是"政府为市场创造投资机会"，政府投资可以承包给民间企业，也可以带动民间企业投资，而"宏观知识理论"强调的是"政府为市场发现投资机会"。一个是"创造"，一个是"发现"，这是两个概念。后者需要政府的"直接投入"比较少，但效果也不一定差，而且政府为市场"发现"投资机会，不仅适合正常经济时期，也适用于经济危机时期。2008年全球经济危机爆发后，中国就出台了"十大产业振兴规划"，这些振兴规划就是政府为民间投资发现机会，这些规划都有助于走出经济萧条。

政府指出"投资方向"的好处在于，它会引导民间投资爆发式、集中性地向一个方向集聚，这样才能快速形成"产业链优势"和"规模效应"，才能推动一个行业的迅速崛起，这也是民间自发发展难以达到的效果，因此当"政府投资方向规划"和"民间企业投资"配合在一起的时候，就会形成比较完美的经济局面。当然，如果政府在出台"投资规划"的同时也出台一些政策，配套一些资金会更好，但这与凯恩斯经济学强调的，完全依靠政府"财政投资"是完全不同的情形，但效果类似。

政府利用"宏观知识"优势去引导民间投资更多靠"宣传引导"，而非"出钱"，也无须"亲自下场"，政府只要说往这个方向要"大力发展"，民间投资就会大举涌入，比如政府倡导"大力发展装备制造业"，中国大量的装备制造就摆脱了过度依赖进口的窘境；政府倡导大力发展"清洁能源"，中国的太阳能、风能很快就跻身世界前列；政府倡导发展"特色小镇"，一大批特色小镇发展了起来；政府倡导乡村振兴，中国的乡村很快面貌一新；政府倡导发展"5G技术"，中国5G技术做到了世界第一；政府倡导大力发展新能源汽车，中国的新能源汽车很快就全球领先。"制定产业发展规划"已经成为中国经济从长期实现成功崛起和从短期快速克服经济萧条的核心秘诀之一。归根结底，政府就如军队的将官，对民间投资的意义在于"指挥"。

企业是"政府产业规划"的最大受益者

民间企业虽然有资金、有干劲，但在"宏观知识"方面具有天然劣势，他们往往苦于没有投资方向，找不到好项目，而政府指出的投资方向大部分是经过论证的，是科学的，不仅是符合国家发展阶段的，也是蕴藏着大量投资机会的。政府"指明方向"后，企业大部分时候都可以放心大胆地去干，这样政府"一声令下"，民间企业就会"万军齐发"。政府是行业发展的"大脑"，企业是行业发展的"四肢"，两者配合好，一个行业很容易攻破，一个短板很容易补上。在这个过程中，民间企业将是最大的受益者，将会享受到国家发展的巨大红利。世界上很多顶级企业家都是在国家产业规划的大背景下走向个人财富巅峰的，真正的企业家都是时刻关注国家发展大势的。

当然政府规划也有"出错"的可能，但"政府出错"的概率要远远低于民间企业，但民间企业抓住政府创造的机会也需要"赶早"，如果参与晚了，行业也就产能饱和了，政府规划的产业也会像民间自发发展起来的产业一样，会最终形成"红海"，这点并没有本质区别。政府规划的产业也并不能保障每个参与者都会取得巨大投资收益，巨大的投资收益只会属于具备核心优势且正确把握住"参与时机"的企业。

利用"宏观知识优势"发挥"政府作用"是世界各国政府都可以做到的事情，发达国家也都有过成功案例，比如美国制定过"信息高速公路计划"，德国提出了"工业4.0"，日本、新加坡等也非常重视产业规划，但新时代的中国相对于他们更具优势，"企业家精神"并非企业家独有，政府也可以具备。

总结

其实，很少有人会想到"自由市场"与"政府作用"的理论交锋最终会出现在"知识"领域。当我们将知识进行了"宏观知识"和"微观知识"的区分后，我们对"政府作用"的认识也顿时变得清晰起来。从学术上，我们认为政府具有"宏观知识"优势，也应该发挥好"宏观知识"优势。政府利用"宏观知识"促进民间投资几乎是不需要成本的，这也是宏观调控的一种重要形式，属于产业政策调控的范畴。本书提出"宏观知识"的概念就是要为政府的产业政策建立理论依据，同时打破哈耶克在长达百年的时间里给人类造成的"政府具有知识劣势"的思想禁锢，可以让政府放开手脚去发挥在市场经济发展中应该发挥的作用。

第十二章

"政府债务－中央银行利率"螺旋及其危害

——"政府债务－中央银行利率－金融投资－经济创新"之间的传导机制研究

第一节　宏观经济学中的"通论式研究"传统

1936年，凯恩斯将其新出版的著作命名为《就业、利息和货币通论》，这被称为宏观经济学的开端。但是在凯恩斯之前，宏观经济学并非不存在，只是还不那么系统，而且凯恩斯也不是第一个对宏观经济学进行"通论式研究"的，还有维克塞尔、米塞斯、费雪等也都进行了类似的研究。尽管他们的思想框架各异，但研究方法基本相同。凯恩斯经济学形成后，其他"通论式"的宏观经济学研究相继被雪藏，经济学江湖被凯恩斯"一统天下"。

凯恩斯本人虽然被称为"宏观经济学"之父，但是凯恩斯经济学并不是从宏观经济学的空白中诞生的，而是从经济学论战中胜出的。凯恩斯继承维克塞尔的思想主要是通过翻译维克塞尔的著作获得的，后来，随着大萧条的深化以及哈耶克的挑战使凯恩斯很快就放弃了对维克塞尔宏观思想体系的维护，转而开始探索自己的思想体系，这就是《就业、利息和货币通论》以及由《就业、利息和货币通论》衍生出来的凯恩斯经济学。其实，与凯恩斯经济学同步形成的还有费雪的思想体系，费雪的思想也是宏观经济学中非常重要的一支。

"通论式研究"历来是宏观经济学的一大特色。"通论式研究"就是将至少三个或是三个以上的宏观经济变量融合在一个理论中进行研究，比如庞巴维克的思想体系构建的是"利率–生产–经济周期"之间的关系，维克塞尔构建的是"利率–投资–通胀–经济周期"之间的关系，凯恩斯构建的是"储蓄–投资–收入–经济周期"之间的关系，费雪构建的是"债务–利润–货币–经济周期"之间的关系，他们都不只研究了一个经济变量或经济现象，而是将多个经济变量构建在一个模型中，他们这种"通论式研究"

在宏观经济学中反而是主流。这是由宏观经济学自身的特点决定的,宏观经济学本身就是一个体系,这与微观经济学不同,微观经济学是由多个相互独立的板块组成的,这些板块之间没有关联,冲突也不大,比如价格理论、竞争理论、信息理论、行为理论本身都是相互独立的研究分支,这些研究分支合到一起就构成了微观经济学。而宏观经济学则不同,投资、消费、利率、通胀、债务这些问题本身就是相互联系、相互影响、相互传导的,宏观经济学研究的本质就是要弄清这些变量之间的相互影响关系,因此宏观经济的自身特征决定了宏观经济学研究必然是"通论式研究"。

笔者也提出了一种新的研究框架,并将其命名为"政府债务-中央银行利率-金融投资-经济创新"的传导机制,简称"债务-创新"传导机制。这是一种新的"通论式研究",主要研究的是政府债务对中央银行利率、金融投资和经济创新的影响。通过这个"传导机制"的研究,我们会对"政府债务型经济危机"的危害有更深刻的理解,也将对宏观经济学形成一个新的认识。

第二节 "政府债务-中央银行利率"螺旋与 "中央银行独立不可能性"原理

"政府债务"与"中央银行利率"之间表面上看不存在什么关系,但实际上关系很大。一个国家的中央银行实行什么样的货币利率并不是完全自由的,而是由其政府债务水平决定的。

"政府债务-中央银行利率"螺旋是如何形成的?

在现实中,政府债务是要还本付息的。一个国家"中央银行利率"的高低决定了"政府债务利息支出"的高低。"中央银行利率"越高,这个国家的"政府债务利息支出"就越多;"中央银行利率"水平越低,这个国家的"政府债务利息支出"就越少。政府如果负债过高，中央银行就不能随意提高利率，因为一旦提高利率，政府债务就随时有崩盘的风险，笔者将此称为"中央银行利率的政府债务压制效应"。因为这种压制效应的存在，一个国家的最高货币利率必须在其政府债务所能承受的范围之内。一个国家的"中央银行利率天花板"与政府债务水平紧密相关。政府负债越低，中央银行利率政策就越自由。随着政府负债的扩大，政府可以承受的利率会越来越低，当负债大到一定程度时，中央银行就必须实行"零利率"。**政府借债与民间借债最大的区别是，政府可以制定利率，而民间不能。所以，当一个国家发生政府债务危机时，往往会通过不断降低利率来延缓债务危机。**

政府债务可以压低中央银行利率，同样，中央银行低利率也可以助长政府债务。西方国家实行的量化宽松货币政策就会将国家推向债务深渊，因为各个国家的政府都会趁着低利率疯狂地扩张债务。"政府债务－中央银行利率螺旋"中，"政府债务"与"中央银行利率"相伴而生，相互影响，相互增强，而且是单向运动的，只能朝着政府债务越来越大、中央银行利率越来越低的方向发展，短期内几乎是不可能走出来的。因为要走出这种困境，除非是政府主动缩减债务——这是很难做到的。如果是中央银行通过提高利率迫使政府缩减债务也同样非常困难，最后的结果就是中央银行利率长期被锁定在"零利率"边缘，一直持续下去。这种状态我们称为中央银行利率被政府债务"锁定"。"政府债务－中央银行利率螺旋"对经济造成的深度危害，我们称为"政府高债务－中央银行低利率陷阱"。一个国家一旦掉入这个陷阱就会非常危险，因为"政府高债务"的危害会通过"中央银行低利率"传导到社会各个层面。市场经济是存在一个货币的"自然利率"的，"政府高债务－中央银行利率低陷阱"的危害是将"市场利率"长期置于"自然利率"之下，使"自然利率"与"市场利率"长期偏离，导致整个金融市场利率的长期性扭曲。

"中央银行独立不可能性"原理

各国中央银行虽然都宣称有一定的独立性,但中央银行只有制定货币政策的权力,而没有管制政府债务扩张的权力。当政府债务扩张到对中央银行的货币政策形成"压制"的时候,中央银行必须被动接受这种来自政府债务的压制。一些国家的中央银行虽然表面上拥有货币政策的自由裁量权,但最终都会"顾全大局"向政府财政部门妥协。因为中央银行的重要职责就是维护经济稳定,中央银行不能看着政府财政崩盘。因此,从根本上说,中央银行并不能完全独立,其货币政策也并不完全自由。我们将这种因政府债务扩张导致的中央银行不能独立执行货币政策的现象称为"中央银行独立不可能性"原理。

第三节　中央银行利率与金融投资之间的传导关系

当"政府高债务"将其危害传导给"中央银行利率"后,"中央银行利率"会将这种危害传导给"金融系统"。关于中央银行利率与金融投资之间的传导关系,本人主要通过"货币政策与金融机构之间的激励相容"理论进行阐述,在这里我们先对金融机构进行一下分类。我们将金融机构分为"信贷类金融机构"和"投机性金融机构"两种,前者主要是指直接为实体经济提供信贷服务的金融机构,后者主要是指从事证券交易及衍生品交易类金融机构。

中央银行发出的货币并不能直接进入实体经济,必须经过投融资性金融机构才可以被输送到实体经济。在货币输送的过程中,金融机构并不会被动地充当货币的输送渠道,他们也有自己的利益考量。投融资性金融机构输送货币的积极性主要受到货币利率的影响,他们是"高利率偏好"的,利率越高,这类金融机构从事货币供给的业务积极性越高,这时我们称之为货币政策与金融机构是激励相容的。相反，利率越低，投融资性金融机构从事货币供给的业务积极性越低，这时我们就将之称为中央银行货币政策与这类金融机构的激励是不相容的。那些从事证券交易、衍生品交易的投机性金融机构则相反。投机性金融机构是低利率偏好的，利率越低，投机性金融市场越繁荣。但这类金融市场的繁荣对实体经济投资帮助不大，经济危机时需要增加的实体经济投资主要依赖于投融资性的金融机构。

为何投融资性金融机构需要利率作为激励呢？第一，投融资性金融机构本身是中介，并没有自己的资金，他们的资金都来自募集，最终来源是民众的储蓄或理财资金，利率越高，民众储蓄或理财的积极性就越高，这时金融机构就越容易募集到资金，相反，低利率货币环境下，民众不愿意储蓄和理财，而是更愿意借贷消费，金融机构就很难募集到资金；第二，为实体经济服务的投融资性金融机构的利润主要来自"利差"，只有高利率的货币环境才可以为投融资性金融机构创造出"高利差"，只有在"高利差"的驱动下，金融机构才有足够的积极性去从事金融放贷业务，才可以对实体经济形成有效的支持，相反，如果货币市场整体利率很低，投融资性金融机构没有利差空间，那他们就不会从事货币供给工作；第三，金融机构从事投融资业务也是有风险的，金融机构需要一定的利润去覆盖风险，如果社会整体利率不高，金融机构的利润都无法覆盖风险，他们也就不愿意去从事货币供给工作，实体经济也就得不到资金。

传统货币研究是跛脚的，只关注货币的需求方——企业的利益，因为企业是"低利率偏好"的，利率越低越好，因此每次经济危机时，各国中央银行都将货币利率降到最低，这种理论是有误区的。中央银行制定货币政策时不仅要考虑货币需求方的利益，也要考虑货币的供给方——投融资性金融机构的利益，货币能否到达实体经济并转化为投资，这需要供需双方的共同努力。仅仅有货币需求，没有货币供给也是不行的，如果忽略了货币供给机构的利益，货币政策就会出现失灵。总之，货币低利率是与投融资性金融机构激励不相容的，会过度伤害投融资性金融机构的利益，"零利率"货币政策对投融资性金融机构是毁灭性的打击，会导致社会融资的不畅。

凯恩斯解释"货币政策失灵"主要是从"资本边际效率"下降来解释的，但是从信贷类金融机构的"激励失灵"角度更能解释这一现象。

第四节 金融投资与经济创新之间的传导关系

政府债务可以影响到中央银行利率，中央银行利率可以影响到金融投融资，而金融投融资又可以影响经济创新。"金融投资"向"经济创新"的传导主要通过金融投资中"创新投资"传导。创新是需要金融资本支持的，当然现代社会的创新已经与熊彼特时代不同，熊彼特时代支持创新的主要是银行，而现在支持创新的主要是股权投资机构。股权投资机构的资金我们也称之为"创新资本"，股权投资机构对创新资本的募集受中央银行利率的影响。

股权投资机构的资金不仅来自社会高净值人群，更主要来自于其他金融机构。低利率下，人们更倾向于将资金用于消费，而不是储蓄和投资理财，大部分金融机构都会存在资金募集困难的问题，股权投资机构在这种环境下也受到拖累，而"股权投资资金"的规模则直接关系到一个国家创新的成败。因为对于一个国家的创新来说，创新资本的数量是最重要的，有足够多的创新资本的支持，创新才有保障。一个国家如果整体利率水平比较高，民众储蓄理财的积极性就比较高，各个金融机构都资金充裕，股权投资机构也很容易募集到资金，创新型企业就会成长得非常快。相反，当一个国家实行低利率或被迫实行零利率时，这个国家的金融机构就很难募集到资金，创新资本的总量也会随之大幅下降，这个国家就很难会出现大规模创新。因此，笔者提出了"零利率也就意味着创新的死亡"的观点。

创新资本对一个国家创新的作用非常重要，创新资本可以促进新诞生的技术迅速走向应用，这是非常重要的。基础性技术进步全球是共通的，也几乎是同步的，世界各国拉开发展差距的是将技术进步转化为生产力的速度和能力，这就要看哪个国家的创新企业可以得到更多的创新资本的支持。创新资本的作用就是推动技术的快速应用，技术应用才可以变为生产力，才可以实现一个国家的"创新式增长"，而创新资本的募集需要高利率货币环境做基础。

第五节　综述"政府债务－中央银行利率－金融投资－经济创新"传导机制

综上所述，一个国家从出现"政府高债务"到走向"创新衰落"之间的传导机制是：政府债务大到一定程度时，中央银行就会通过不断降低利率来拖延政府债务危机，最终走向低利率或零利率的货币政策；低利率或零利率成为长期性货币政策之后，投融资性金融机构开始出现资金募集困难，作为金融机构之一的股权投资机构也会同时出现募资困难，最终无法支持创新，导致一个国家出现创新衰落，从而出现经济增长的停滞。这就是政府债务危机导致创新衰落，乃至国家衰落的传导关系。政府债务高的国家往往会出现"政府低投资、民众低福利、银行低储蓄，货币低利率、企业低创新、经济低增长"等宏观经济特征。日本是债务最高的国家之一，因此这些特征在日本表现得也非常明显。

全球政府债务危机将使世界经济开始"日本化"，人类如果不进行一轮彻底的财税改革，世界债务型经济危机将会长期化。目前，日本经济所经历的"政府债务性萧条"也将陆续出现在其他实行低利率或零利率的国家里。而量化宽松货币政策则会加速这种传导。

相反，一个国家如果政府债务率比较低，而且也不实行量化宽松这样的货币政策，这个国家就可以维持较高的货币利率，这个国家的投融资性金融机构也会保持比较高的积极性，这个国家的创投机构也会很容易地募集到资金，这个国家就可以很好地实现"创新式增长"，这才是一个国家宏观经济的良性循环。如果一个国家遵循这样的经济发展路径，其前途是可期的。但一个国家的政府不出现高债务是很难做到的，这最终需要财税改革支持。

在现代经济学中，政府债务、中央银行利率、金融投资、经济创新这些都是分开研究的，但在笔者的"政府债务－中央银行利率－金融投资－经济创新"传导理论中，它们则是一个相互关联的整体。理解了"政府债务－中央银行利率－金融投资－经济创新"之间的传导机制可以从更深层次解释"政府债务"的危害，也可以让我们更科学地看待宏观经济，这也是对宏观经济学进行"通论式研究"的一种新范式。

第十三章

哀其不幸,怒其不争的凯恩斯学派

自从出现经济危机之后，人类就开始了对世界宏观经济问题的系统性思考，特别是大萧条前后，这种思考达到高峰。从瑞典学派、奥地利学派的占得一时先机，到马尔萨斯、凯恩斯研究路线的压倒性胜利，到弗里德曼、卢卡斯等的逆袭，再到"一般均衡"在宏观经济学的回归，可谓精彩纷呈。然而，21世纪初的一场全球经济危机却让这一切烟消云散，似乎宏观经济学又要从零开始。回顾宏观经济学发展历史，我们会发现人类目前已经取得的"公认的科学研究成果"并不多，正如萨缪尔森所言"宏观经济学除了GDP之外几乎所有问题都有争议"，人类可能真的要重新审视宏观经济学的问题。不论如何，凯恩斯经济学都是宏观经济学的第一大学派，这不仅在于其研究者众多，历经几代，绵延不绝，更在于其理论的有效性。世界各国在制定其经济政策时，政府投资都是必不可少的选项，而一旦遇到经济危机，凯恩斯主义开创的政府干预理念就更是成为"显学"。

其实绝大部分经济学著作最后流传下来的只是一两句话，包括亚当·斯密的著作，但是凯恩斯不同。凯恩斯著作中的大部分内容都流传了下来，成为人们耳熟能详的经济学原理，这足以说明凯恩斯经济学在经济学中的地位。**经济学中的其他革命多是"局部知识"的革命，凯恩斯进行的是"知识系统"的革命。**

第一节 "凯恩斯学派"之前的宏观经济学与"凯恩斯经济学"的诞生

在萨缪尔森的《经济学》教材中，他将"凯恩斯经济学"的形成作为宏观经济学的开始。这是错误的。宏观经济学并不是从凯恩斯开始的，在凯恩斯之前，宏观经济学已经基本成熟，而且凯恩斯的思想并非完全原创，也是有着明确来源的。凯恩斯的思想来源有瑞典学派的维克塞尔、英国的马尔萨斯、霍特里、马歇尔等，这些人都是宏观经济学的先驱。凯恩斯不仅对宏观经济学进行了创新，更是做了第一次"大综合"。

在"凯恩斯经济学"诞生之前，马歇尔的均衡理论已经没有多少人关注，可谓日薄西山，尽管当时距离1890年马歇尔发表《经济学原理》也才二三十年的时间。当时的经济学界热衷的是对"经济周期"的研究。1920年到1940年是人类研究经济周期的辉煌时期，我们现在所熟悉的经济周期思想几乎全部来自那个时期，当时世界比较知名的经济学家都在研究经济周期问题。与经济周期有关的理论有：

1898年，维克赛尔发表了《利息与价格》提出了累积过程理论；

1912年，米塞斯发表了《货币与信用理论》，在瑞典学派累积过程理论的基础上结合庞巴维克的迂回生产理论提出了过度投资理论；

1912年，熊彼特出版了《经济发展理论：对于利润、资本、信贷、利息和经济周期的考察》一书，提出了创新经济周期理论；

1913年，英国财政部的经济学家霍特里出版了《商业的盛衰》，提出了纯货币经济周期理论；

1915年，英国经济学家罗伯逊发表的硕士论文《一个工业经济波动的研究》，提出了基于真实因素的经济周期理论；

1927年，庇古发表了《工业波动论》，提出了基于企业家心理预期的经济周期理论。

在这些理论中，凯恩斯当时更多是"学习者"与"跟随者"的角色。凯恩斯通过翻译维克塞尔的著作学习了瑞典学派的经济周期理论，并在此基础上于1930年出版了自己的著作《货币论》。

在更早的马歇尔之前，宏观经济也形成了一些经济周期的研究成果，比如西斯蒙第提出的"消费不足"理论，马尔萨斯提出的"有效需求不足"理论，马克思提出的"生产过剩"理论等，当然这与20世纪20年代的经济周期研究是"两条路线"，19世纪，马歇尔之前的经济周期研究更多是从供给与需求的角度研究经济周期，到了20世纪20年代，经济周期研究更多是从货币、心理等因素展开。

我们将马歇尔之前的经济周期研究称之为宏观经济学的"古典路线"，将马歇尔之后的宏观经济周期研究称为经济周期研究的"新兴路线"。凯恩斯本人最开始研究的是"新兴路线"，主要从瑞典学派"货币利率均衡"的角度研究经济危机，但他最终回归了"古典路线"，从"需求"的角度研究经济危机。这是凯恩斯学术生涯的一次巨大转变，也是哈耶克批判凯恩斯"学术多变"的原因。其实凯恩斯并非"多变"，他的学术生涯也只发生了这一次"巨变"。因为凯恩斯的经济周期研究回归了"古典路线"，所以笔者在经济危机的"分型辨治"理论中，提出凯恩斯的经济危机理论适合治理"生产过剩型经济危机"。

凯恩斯回归经济周期研究的"古典路线"，虽然在"解释力"和"理论魅力"上没有从货币、心理预期等角度对经济周期进行解释显得"花哨"，但是在"解决经济周期造成的问题上"却效果明显。其实直到现在，凯恩斯在对经济危机的"解释"上仍然缺乏自洽的逻辑和成体系的思想，但"凯恩斯经济学"却长达百年经久不衰，关键就在于其治理经济危机措施的"有效性"，这正如中医一样，虽然理论体尚不完备，但在治疗疾病的"有效性"上却无可置疑。

在笔者看来，凯恩斯经济学的诞生不是拉开了宏观经济学研究的"序幕"，而是标志着人类宏观经济学研究的"高潮时代"的到来。法国经济学家西斯蒙第才是宏观经济学之祖，他虽然没有直接影响凯恩斯，却通过马尔萨斯、霍布森等人影响了凯恩斯。来自哈耶克的攻击和瑞典学派"廉价货币政策"的失败则是导致凯恩斯"学术转型"的直接原因。如果没有哈耶克的攻击，可能凯恩斯在瑞典学派的理论中沉迷的时间会更久一些。

凯恩斯是一个有着"读史"爱好的学者，他的"快速转型"是从疯狂地研究前人的经济思想开始的，其研究方法就是给前人经济学家写"思想传记"。凯恩斯的名著《传记文集》其实就是凯恩斯的"经济学读书笔记"，写得最精彩的当属马尔萨斯的传记，其间充满了溢美之词。凯恩斯从马尔萨斯那里发现了"有效需求不足"理论之后，开始以此构建自己的经济周期理论，后来才有了"三大心理定律"，有了"乘数"理论，构成了《就业、利息和货币通论》中的核心经济思想体系。但凯恩斯关于"资本边际效率崩溃"和"灵活偏好"导致货币政策失灵的发现则是独家研究成果，这些思想都闪现着智慧的火花。

第二节　凯恩斯大战哈耶克的真相

要看懂《就业、利息和货币通论》，看懂凯恩斯与哈耶克的学术论战是需要一定的知识储备的，这个重要的知识储备就是瑞典学派的累积过程理论。这个理论甚至可以追溯到亚当·斯密提出的自然价格与市场价格理论。世人记录"凯恩斯大战哈耶克"大部分都是渲染他们互相攻讦时的激烈语言，很少有人从本质上揭示其理论分歧，但仅从他们相互攻讦的言语中是看不到他们互相争论的实质的。造成这种局面的真正原因是，自从经济学被马歇尔带入新古典经济学时代之后，古典经济学中的自然价格、市场价格、自然利率、市场利率等概念就被淘汰，知晓这些概念的经济学家少之又少，后来的萨缪尔森、弗里德曼、曼昆等也没有将这些概念恢复进教材，以至于后来的经济学家连这些概念都不知道，更不了解瑞典学派的累积过程理论，当然看不懂《就业、利息和货币通论》，这竟然成为经济学界的普遍现象。当然，这些人也更看不懂凯恩斯大战哈耶克的真正分歧，更是不懂为何哈耶克阵营的人最后全部投奔了凯恩斯，也不知道凯恩斯最后赢在何处。笔者就"凯恩斯大战哈耶克"的真相进行了梳理。

真相一：哈耶克的经济理论当时确实比凯恩斯更胜一筹

剑桥学派并没有"货币研究"的"基因"，正如卡尔多所言："在货币研究上剑桥缺乏传统，马歇尔对货币理论一无所知。"但当时货币理论研究却是热点，凯恩斯只能从其他学派学习货币学，而奥地利学派是有货币研究"基因"的，它在货币与资本研究领域底蕴深厚。但是奥地利学派的货币研究传统并非来自其创始人门格尔，而是来源于德国历史学派的克尼斯。克尼斯曾经写过三卷本《货币与信用》，而庞巴维克在德国留学时师从克尼斯，奥地利学派的货币思想主要来源于德国。庞巴维克的核心思想是在克尼斯的讲堂上形成的，米塞斯、哈耶克后来又对庞巴维克的思想进行了继承与发展。

当年的奥地利学派还是一个非常谦虚的学派，最辉煌的时候它什么都吸收，瑞典学派、历史学派，甚至马克思的经济思想都吸收，才造就了奥地利学派在货币思想领域一时的领先与辉煌。米塞斯的经济周期思想是瑞典学派的累积过程理论与庞巴维克的迂回生产理论的结合，而哈耶克又加上了货币信用创造理论和马克思的虚拟资本理论等，因此当时奥地利学派的思想可以说是"集人类经济思想之大成"。而凯恩斯虽然名气很大，但是货币理论上仍然停留在新学的瑞典学派的累积过程理论，比哈耶克落后"两代"，因此凯恩斯大战哈耶克时，哈耶克开始是领先的。

真相二：凯恩斯与哈耶克"思想同源"，并非完全敌对

凯恩斯与哈耶克的经济思想"底座"都是维克塞尔的累积过程理论，论战时凯恩斯和哈耶克的经济思想其实是"兄弟之争"，而非严格意义上的"门派之争"，当时也没有"剑桥学派"的概念，当时的马歇尔几乎无人问津，而维克塞尔却如日中天。凯恩斯和哈耶克都是维克塞尔思想的继承者，他们从本质上不是对立的，而是具体细节的分歧。哈耶克吸收了瑞典学派、

奥地利学派、信用创造学派、马克思经济学等多个学派的精华，代表着当时人类最高的研究水平，已经将瑞典学派的思想升级换代了几次，而凯恩斯还处于初学瑞典学派的新鲜之中。奥地利学派认为"低利率"会导致货币过多地聚集在"迂回生产"领域，形成"过度投资"，这种"过度投资"将会成为下一轮经济危机的根源，而凯恩斯并没有意识到这些，也一时不知道该如何反驳。仔细想想也有道理，经济危机本身就意味着生产过剩，如果再通过低利率去刺激生产，只会造成更加生产过剩，哈耶克说的也有一些道理。

真相三：凯恩斯靠《就业、利息和货币通论》取胜，而不是靠《货币论》

面对哈耶克的攻击，凯恩斯开始构建自己新的理论体系。这时凯恩斯敏锐地发现了"灵活偏好"理论和"资本边际效率崩溃"的问题，在经济萧条时期，因为民众具备"灵活偏好"，增加的货币更多被窖藏，经济会出现流动性陷阱，以至于如何增加货币，市场利率都无法降低。另外，即使市场利率降低了，也不能刺激经济，因为企业的"资本边际效率崩溃"得更加严重，大萧条时，企业几乎没有利润，即使贷款利率很低，也不可能刺激企业扩大生产，在这种流动性陷阱和资本边际效率崩溃的情况下，货币政策是完全失灵的，哈耶克所说的过度投资根本不可能出现，只能通过扩大政府投资才可以走出萧条。《就业、利息和货币通论》一书最伟大的贡献不是在于证明了财政政策之可行，而是在于证明了货币政策为何不可行。

现实是，大萧条期间，无论各国中央银行怎么降低利率，经济仍然无法走出萧条，就连瑞典学派的创始人维克塞尔最终也放弃了他自己创立的思想，凯恩斯更是利用理论创新，找出了瑞典学派的理论破绽。也就是说，当时的瑞典学派无论是从理论上还是从实践上都走向了破产，参与论战的几乎所有人都倒向了凯恩斯一方，这是因为凯恩斯将经济问题看得更加透彻，而且明显地超越了哈耶克。其实，当"资本边际效率崩溃"一词提出的一刹那，凯恩斯就赢了，"灵活偏好"只是一种补充。希克斯后来提出的流动性陷阱，是对"灵活偏好"的一种更形象的总结。

奥地利学派虽然没有直接声明放弃以瑞典学派经济思想为基础创建的"奥地利学派经济周期理论"，但是从米塞斯和哈耶克后期的行动来看，他们对这套思想也没有了信心。他们的研究"改弦更张"后就再也没有回头，奥地利学派实质上放弃了自己的经济周期理论，因为一旦瑞典学派被证明是错误的，那么一切以瑞典学派为基础的理论都不再具有任何学术价值。放弃了经济周期研究的哈耶克逐渐销声匿迹，转而研究社会问题。

另外，一直坚持"纯货币经济周期"理论的经济学家霍特里也开始反对"货币政策"了。霍特里认为在萧条到来时用货币政策去刺激经济复苏，并不一定可靠，因为廉价货币和增加银行储备金并不能刺激复苏。在商品需求降低时，批发商力求减少存货，使买进低于卖出。这时，即使利息率很低，批发商也不会轻易借款。这种结果，霍特里认为是整个信用陷入僵局。他认为，银行降低利息率所唤起的总需求的扩大，其可能性非常有限，因为降低利息率只是复苏的一个条件，完全指望它来发挥作用是不够的。正确的方法，有赖于繁荣阶段的适当行动。早期的行动必须是制止过分的通货膨胀，当银行利息率充分提高的时候，繁荣就会走向反面，这种情况一经出现，银行利息率必须迅速降低，以免发生累进的和恶性的通货紧缩。如果降低利息率的行动缓慢，并拖延了时间，那就无力挽回局面，通货紧缩的恶性循环将继续聚集力量，直到变得不可阻挡。可见，大萧条发生后"货币政策无用论"在当时已经成为共识，奥地利学派的经济周期理论被淘汰完全正常。

20世纪30年代后，霍特里比早前更赞成公共事业开支。他认为，如果僵局发展下去，直接的政府开支可能是阻止消费和投资支出进一步减少的唯一有效办法。他说："虽然用敏捷的措施及时放松信贷去制止这种情况是可能的，但是最好是在整个时期都采取使两种恶性循环不能严重持续下去的方法调节信贷。"

瑞典学派既像"旋风"，又像一种"流行病毒"一样席卷了当时的经济学界，绝大部分经济学家都被"感染"，但很快又都"集体免疫"，最后这种"病毒"也不知所踪。回顾历史，瑞典学派被经济学界同时追捧，又被同时抛弃，是有其自身原因的，这种原因不仅仅是凯恩斯和霍特里所强调的"企业因素"，更是"金融机构因素"，是笔者在其他章节中强调的"货币政策与金融机构激励不相容理论"的问题。凯恩斯只是从民众投资理论的角度揭示了"流动性陷阱"的成因，笔者则从信贷性金融机构的激励角度对其"流动性陷阱理论"进行了补充；凯恩斯更多强调了货币政策在经济危机时期不可行，笔者则进一步指出了货币政策在平常时期也是不可行的。以前人们抛弃的更多是瑞典学派的"主张"，现在已经到了我们彻底抛弃其理论体系的时候了。

第三节 古典经济学与新古典经济学的辩证统一理论

包括弗里德曼和萨缪尔森在内的绝大部分人都看不懂凯恩斯与哈耶克的争斗，甚至很多经济学家都声称看不懂《就业、利息和货币通论》，这背后的原因在于他们对古典经济学的不了解，这是人类丢弃古典经济学酿成的恶果。瑞典学派和凯恩斯学派的部分理论是以古典经济学为基础的，因此我们有必要对古典经济学中的核心理论做一下介绍。

英国经济学一直比欧洲经济学慢半拍

英国经济学主要是从欧洲其他国家不断输入，比欧洲经济学"慢半拍"。亚当·斯密遇到了魁奈、杜尔哥等法国经济学家才开始研究经济学；马尔萨斯提出需求不足理论，也是受到西斯蒙第《政治经济学新原理》的启发；穆勒父子的经济思想也主要是从萨依那里吸收营养，甚至连研究框架都是照搬的萨依；马歇尔的思想也是源于古诺……如果翻看亚当·斯密和马尔萨斯的传记就会发现，很大篇幅都在辩解魁奈到底是不是亚当·斯密的老师，马尔萨斯是不是抄袭了西斯蒙第；萨依对穆勒父子的影响是无须争辩的，他们也是亲自承认的；古诺比马歇尔的领先也是马歇尔亲口承认的。英国经济学大部分时间都是从欧洲其他国家输入，这与当时英国的军事实力完全不相称，但后来的经济学历史大部分是英国人书写的，所以给人的感觉是英国成了正统。其实，英国经济学在凯恩斯之前从来没有赶上过欧洲经济学的步伐。

我们现在学习的，由马歇尔开创的新古典经济学，其实是法国经济学，而非真正的英国经济学。因为边际分析、均衡分析，都是法国经济学家发明的。边际分析从重农学派时代就已经产生，法国重农经济学家在研究农业肥料的效果时发现了边际递减定律；均衡分析是法国经济学家古诺的发明，这些后来成为新古典经济学的核心内容，被英国人马歇尔发扬光大，并传播到了全世界。

英国经济学的独特优势

虽然一直学习法国经济学，但英国经济学也并非一无是处。英国毕竟也出现了亚当·斯密和李嘉图这样伟大的经济学家，这些人也绝非浪得虚名。笔者认为，英国经济学有四大特色，而且这四大特色都容易被其他人忽略：

第一，亚当·斯密最早提出了自然价格与市场价格理论。这个理论很长时间被埋没，后来被维克塞尔引入货币学研究，并提出自然利率和市场利率概念，瑞典学派又在自然利率和市场利率理论基础上，结合洛桑学派的一般均衡理论思想创立了人类最早的宏观经济周期思想——累积过程理论，从此声名大噪。瑞典学派一度在经济学界执牛耳，连凯恩斯都通过翻译维克塞尔的著作学习其宏观经济思想体系,而此时的英国剑桥还处于卡尔多评价的"马歇尔对货币理论一无所知"的状态。

第二,始于威廉·配第,被李嘉图和马克思发扬光大的劳动价值论也是英国经济学的特色。不过这些理论后来被英国人马歇尔抛弃。马歇尔倒向了法国的边际分析和均衡分析,创立了新古典经济学。古典经济学与新古典经济学的分歧本质上也是以劳动价值论为代表的英国经济学与以边际分析和均衡分析为代表的法国经济学的分歧,因为马歇尔全面倒向法国研究路线,并将法国经济学包装为"新古典经济学",导致英国经济学被经济学界遗忘很久。

第三,始于亚当·斯密的"有效需求"理论。亚当·斯密在《国富论》中最早提出了有效需求理论,这个理论如他的价格理论一样被长期埋没。后来,英国人马尔萨斯在亚当·斯密"有效需求"概念基础上提出了"有效需求不足"的概念,影响也很小。直到凯恩斯以"有效需求不足"为核心建立了凯恩斯经济学思想体系,才真正将始于亚当·斯密的"有效需求"理论发扬光大。但当今经济学界也只有少数人知道凯恩斯的理论是受到马尔萨斯的启发,更少有人知道亚当·斯密早就提出了"有效需求"的概念。

第四,英国经济学一直受到重视的是其贸易理论。亚当·斯密提出了自由贸易理论,李嘉图提出了比较成本优势理论,这些一直处于主流之中,与其他被埋没的经济学形成鲜明对比。

古典经济学与新古典经济学的统一理论

马歇尔一手造成了"古典经济学"和"新古典经济学"的分裂。"二战"之后,萨缪尔森、弗里德曼本来有机会将两者统一起来,但他们都缺乏"读史"的习惯与爱好,萨缪尔森对数学模型感兴趣,弗里德曼则对统计分析感兴趣,两人都对基础理论构建缺乏兴趣,导致他们都没能完成古典经济学和新古典经济学的统一。之后,曼昆等学者更是萧规曹随,几乎没有人再去理会古典经济学与新古典经济学的分歧，这也成为经济学上的痛点与遗憾。笔者则在这方面取得了成果。

笔者认为古典经济学与新古典经济学是完全可以统一起来的，而且我们可以用亚当·斯密提出的"自然价格"和"市场价格"对其进行统一。其实，劳动价值论讲的是"自然价格"的形成原理，而新古典经济学解释的是"市场价格"的形成原理，两者并非对同一价格的两种解释，而是分别对不同价格的分析，所以并没有冲突。同一事物确实存在着自然价格和市场价格两个概念，这是自然存在的。因此，我们完全可以以对"自然价格"的解释，将劳动价值论重新写入经济学教材。

第四节　奥地利学派错在哪里？

奥地利学派综合了很多其他学派的研究成果，如果你是一个"经济思想史的小白"，很可能会被它的理论体系所折服，但如果我们熟读经济思想史的话，就会知道奥地利学派的经济思想大部分是综合别人的，甚至内核都是瑞典学派的。很多逻辑综合在一起，固然显得深不可测，但也容易出现思想漏洞。凯恩斯经济学虽然替代了奥地利学派，但是并没有真正地发现奥地利学派的错误，以致奥地利学派的思想仍然死而不僵。

笔者是专门批判瑞典学派的，奥地利学派的内核其实是瑞典学派，如果瑞典学派的理论是错误的，那么以瑞典学派为内核的奥地利学派也必然是错误的。在前面的理论中，笔者分析过，瑞典学派是基于企业需求一侧的理论，没有考虑供给侧的利益。如果考虑供给侧金融机构的利益，"廉价货币政策"就是无效的。不仅仅是像凯恩斯、霍特里所说的经济危机时期无效，就是正常经济状态下也是无效的。笔者对瑞典学派的批判比凯恩斯和霍特里更彻底，廉价货币政策根本不会造成"有效货币供给"的增加，无法实现经济繁荣，更不会造成奥地利学派所谓的"过度投资"。奥地利学派是在瑞典学派的基础上进行的延伸，如果瑞典学派的理论崩塌了，那么奥地利学派的经济周期理论自然也就轰然倒塌了。

从实践看，利用"廉价货币政策"解决经济危机是失败的。这在20世纪30年代是理论界的共识。既然"降低利率"连最低限度的经济"走出萧条"都做不到，奥地利学派担心的"过度投资"更是不可能。2008年世界经济危机之后，许多国家实行了比瑞典学派更激进的美国货币学派的量化宽松政策，释放了那么多的货币，也没有出现奥地利学派所谓的"过度投资"。一个理论是否科学，主要看其"预测力"，从这一点看，奥地利学派在现实中是彻头彻尾的失败。

总之，奥地利学派的经济周期理论，无论是在理论上，还是在实践中都是失败的，这也难怪当时包括瑞典学派自己在内的几乎整个经济学界都抛弃了瑞典学派的理论，而米塞斯和哈耶克也不再进行经济周期研究了，他们亲自为奥地利学派的经济周期研究"画上了句号"。一个具备根本性错误的理论是无法再继续研究下去的，甚至当哈耶克获奖时，他都承认自己已经三十年没有进行经济学研究了。

当凯恩斯提出"总需求不足"理论后，特别是提出"流动性陷阱""资本边际效率崩溃"等理论后，哈耶克的同事与学生们纷纷倒戈，希克斯最先为凯恩斯转发书评，宣传其"流动性陷阱"理论。凯恩斯经济学的崛起也从另一个侧面说明，一个学派无论如何衰落，只要有一个强人，就有机会重塑辉煌。凯恩斯后的剑桥学派成为宏观经济学的大本营，凯恩斯起到了"挽剑桥学派于既倒"的作用。

第五节 熊彼特的"企业家精神"是奥地利学派吗？

熊彼特是奥地利学派衰落后，在主流经济学界"走红"的人物。熊彼特的"走红"与他的弟子——管理学大师德鲁克的大力推广有关系。但客观地说，熊彼特根本不是奥地利学派，他只是奥地利人而已。熊彼特虽然听过庞巴维克的课程，但他在经济思想上与奥地利学派没有传承关系。熊彼特在他的"大漫游"期间听过很多欧洲名师的课程，对他影响最大的是德国的历史学派。熊彼特从思想到研究方法完全是脱胎于德国历史学派，他的"创造性破坏""企业家精神"等概念是从德国历史学派第三代代表人物桑巴特那里继承来的。

"企业家精神"是桑巴特在《现代资本主义》中提出的。1902年，桑巴特39岁时出版的《现代资本主义》使他成为20世纪初最权威的资本主义分析者。书中提出了"企业家精神"和"市民精神"的概念。《现代资本主义》一书中指出，企业家精神是"一种勇武的精神""一种不安静和不疲倦的精神"，是"征服与营利"，企业家精神"支配了人的生活和经济生活的一切方面……打破了那些建立在安逸自足的、自保均衡的、静止的、封建手工业的、满足需要的、经济的限制，并将人们驱入营利经济的漩涡中"；市民精神则保证了"秩序与保存"，市民精神"给予新时代的经济生活以安定的秩序"。"这种由企业家精神和市民精神所组成的一个统一的整体心态，就是资本主义精神"。资本主义精神创造出了近代资本主义。

熊彼特出生于1883年，桑巴特出生于1863年，两人相差20岁。桑巴特热情赞颂企业家精神的时候，熊彼特还在读博士。在历史上，对资本主义研究最透彻的是德国历史学派，桑巴特写了《奢侈与资本主义》《犹太人与现代资本主义》《战争与资本主义》，受桑巴特的影响，马科斯·韦伯写了《新教伦理与资本主义精神》。被熊彼特"带火"的"创造性破坏"一词也是桑巴特提出的。桑巴特最早在1913年著作《战争与资本主义》中提出了"创造性破坏"一词。熊彼特借鉴了卡尔·马克思对资本主义的描述，即资本主义有能力解构各种看似稳固的架构，并迫使它们从内部和外部不断升级和更新。马克思强调，"创造性破坏"仍然是一个破坏的过程。在第二次世界大战期间，熊彼特将"创造性破坏"称为"资本主义的基本事实"。

熊彼特从历史学派那里继承了"企业家精神"一词,并将其发扬光大,构建了经济学中的企业家精神理论。另外,熊彼特的创新理论则源于萨依。**萨依最早将企业家与生存要素结合起来,认为企业家从事的是组织生产要素进行价值创造的生产性劳动。企业家一词本身也是法国经济学家坎蒂隆提出的。熊彼特的思想中几乎看不到奥地利学派的元素。**

也就是说,熊彼特虽然参加过奥地利学派的学术活动,但他的经济思想是独立的,与奥地利学派没有关系,而且熊彼特受到马克思的影响,带有一定的社会主义倾向。在奥地利学派与洛桑学派的"社会主义经济核算大辩论"中,熊彼特是站在奥地利学派反面的。所以说,熊彼特不能算是奥地利学派。

第六节　凯恩斯本人的核心经济学贡献

凯恩斯作为当代宏观经济学的核心创立者,对经济学是有巨大贡献的。在笔者看来,凯恩斯对经济学的贡献主要体现在这几个方面:

第一,宏观干预思想让当时非常流行的"阶级调和理论"退出了历史舞台,比如在李嘉图、穆勒、马歇尔的经济思想中都提倡阶级调和,但这些思想在凯恩斯之后的经济学著作中再也找不到了。因为凯恩斯提出的经济危机干预措施极大地缓解了当时的阶级矛盾,让阶级矛盾不再是社会的主要矛盾。另外,凯恩斯经济学让经济危机不再频繁爆发,也促进了中产阶级的形成。没有频繁发生的经济危机而带来的巨大社会矛盾,阶级调和与阶级对立的经济思想自然就退出了历史舞台。

第二,凯恩斯发现了"资本边际效率崩溃"现象。这是重大的经济现象,凯恩斯利用这一现象最早论证了货币政策失灵。"资本边际效率崩溃"可谓凯恩斯《就业、利息和货币通论》一书中最具灵魂性的发现,也是凯恩斯战胜哈耶克,并进而一统经济学界的关键。"资本边际效率崩溃"还是

《就业、利息和货币通论》中出现频率最高的经济学词汇之一。但是，现代经济学教材常常是浅显地谈一下经济周期，甚至用"经济波动"代替经济周期的概念，而对"萧条"和"萧条"治理中的问题缺乏探讨，因此"资本边际效率崩溃"问题，以及由"资本边际效率崩溃"导致的货币政策失灵问题，基本上退出了经济学教材。这是经济学的重大损失，但是民间"资本边际效率崩溃"的概念却在广泛使用。

第三，凯恩斯将需求定义为"投资+消费"，以"有效需求不足"的概念代替了"消费不足"的概念。经济学家以前只强调"消费不足"，而凯恩斯明确提出"有效需求不足"，这样就将投资不足也纳入了需求不足。经济危机时期，民间是没有投资增量的，只能靠政府投资。因此，这就为经济危机时期实行政府投资找到了学术理论基础。凯恩斯"需求=投资+消费"的概念也为后来的GDP统计奠定了基础。不过后来人们在GDP公式中增加了"政府购买"项，导致偏离了经济学的本质，以至于经济学中谈到"总需求"时总是按照GDP公式进行探讨，而忽略了"投资=民间投资+政府投资"的本质。中国在进行国民经济统计时，仍然将政府投资纳入投资统计，这是科学的。因为政府购买字面上更多地给人以政府消费的概念，其实政府购买更多的是政府投资。

除此之外，凯恩斯还提出了灵活偏好、流动性陷阱、动物精神、工资刚性等一系列核心的概念和理论，都是对经济学的巨大贡献。

第七节 对"资本边际效率崩溃"的新解释

凯恩斯的《就业、利息和货币通论》解释经济危机是从供给侧解释的，他提出了"资本边际效率崩溃"的问题，但提出解决经济危机方案时却是从需求侧提出的，他提出了"有效需求不足"的问题，这两部分自然就很难统一起来。凯恩斯在《就业、利息和货币通论》中，只是将"资本边际效率崩溃"作为一种事实提出，但是对其背后的原因却没有深挖。

笔者对其思考后得出的结论是：一种影响宏观经济全局的产品创新的初代需求与换代需求之间的巨大需求差是导致资本边际收益率崩溃的重要原因。每一次科技革命后都会出现一些新的产品，这些产品的初代需求是非常大的，是需要大量的厂商进行生产的，但这些产品都是耐用品，他们的换代需求不强。当初代需求基本结束，进入换代需求阶段时，其需求就会断崖式下跌，这时就会出现大量的产能过剩，这种产能过剩就会导致"资本边际效率崩溃"。即使到了现代也是如此，任何一次产业的潮起和潮落，都会伴随着资本边际效率的巨大波动。

资本边际效率是针对宏观经济危机提出的，但却是一个微观概念。后来的经济学科教科书中大部分都是采用的"总供给-总需求"模型，将经济周期归结为总需求曲线和总供给需求的移动，这样"和稀泥"的解释不能说是错，但不够本质，也不符合凯恩斯经济学的精神，笔者对"资本边际效率崩溃"的补充解释才更符合真实情况。

第八节　凯恩斯经济学的问题与不足

凯恩斯经济学作为一种在比较短的时间内提出的"危机经济学"必然会存在一些问题与不足。在笔者看来，凯恩斯经济学存在的问题更主要是其"体系的不完善"，凯恩斯经济学并不是一种"全面的经济学"。从"危机经济学"向"全面宏观经济学"发展是凯恩斯学派面临的一个长期任务。在这方面，萨缪尔森、曼昆等后来比较知名的凯恩斯学者做了一定的努力，而笔者的很多研究弥补了凯恩斯经济学的一些短板，进一步完善了凯恩斯经济学的不足，特别弥补其在货币与财税理论的短板。

凯恩斯学派在货币与财税研究方面的短板导致了后来货币学派与供给学派的崛起，但是这两个学派本身却是不科学的，是有着明显缺陷的。当凯恩斯学派的货币理论和财税理论建立起来后，这些在反对凯恩斯学派基础上崛起的理论也必将最终被边缘化。本节主要讲凯恩斯经济学的自身缺陷。

第一，"有效需求不足"理论，难以自圆其说

在笔者看来，凯恩斯从整体上提出的"有效需求不足"理论存在先天缺陷。经济的本质是"交易"，是"物物交换"，而不是供给与需求。从供给与需求的角度解释经济周期问题本身就偏离了经济的本质。因此，凯恩斯对经济危机的解释不可能是本质性的。

因为心理问题是很难说清楚的，所以凯恩斯从心理预期上解释"有效需求不足"本身就容易被人攻击。当然，凯恩斯的经济学也并非无法补救，笔者建议将"有效需求不足"修改为"短期有效需求不足"。"短期有效需求不足"是存在的，是可以用心理、边际等解释的，但这些分析对"长期有效需求不足"没法解释。凯恩斯的"三大心理定律"本身针对的也是"经济危机时期"，但他在著作中并没有说明。如果凯恩斯说得明明白白，就不会发生弗里德曼用"恒久收入"假说对他进行攻击的行为。

第二，货币理论先天不足

凯恩斯学派在货币理论研究上比较落后。凯恩斯的《货币改革论》《货币论》《就业、利息和货币通论》三部著作的书名中都包含有"货币"一词，但是凯恩斯对货币的了解仍然并不透彻。凯恩斯研究货币的视野比较窄，而且剑桥学派在这方面也是先天不足，当时主流的货币研究是货币信用创造的研究，凯恩斯也知道这个理论，但是他理解得不深刻，剑桥大学在货币理论上的短板，一直影响着凯恩斯。凯恩斯在放弃了瑞典学派的货币研究路线之后，沿着剑桥大学庇古的"货币余额方程"构建了"货币需求函数"。凯恩斯虽然在对货币的"投机需求"的研究上有重要发现，但是

"剑桥方程"这种基于"外生货币"的研究注定很难把握货币经济学的核心。货币经济学的核心是研究"内生货币",而不是"外生货币"。只要将"外生货币"作为核心研究对象,注定难以产生伟大的学术成就。凯恩斯研究过金本位等货币发行问题,研究过货币的利率均衡问题,但是对以"信用创造"为主要特征的货币运行问题的研究始终很少,而这却是同时代其他人的研究重点。由于《就业、利息和货币通论》之后凯恩斯的影响力极大,其他人的货币研究也被埋没了。

庇古方程的研究路线与当时主流的"信用创造理论"完全不能比,凯恩斯货币研究的路径选择对后来的凯恩斯主义者、货币主义者都造成了实质上的"路径依赖",以至于后来弗里德曼的"货币主义者"虽然以"货币"之名建立学派,但对货币的研究也是隔靴搔痒,浅尝辄止。弗里德曼也受到庇古、凯恩斯的"剑桥研究方法"之害,他的"货币需求函数"本质也是基于"外生货币"研究的,这就导致"货币内生研究"在主流经济学界经历了长达半个世纪的断代。凯恩斯之后,萨缪尔森、索洛、托宾等对货币研究也没有兴趣,直到后来以卡尔多、温特劳布等为代表的"内生货币"学派的崛起,凯恩斯学派才慢慢补上这一课。

第三,对税收问题的"研究逃避"

凯恩斯学派在税收问题的研究上也是模棱两可。凯恩斯是赞成减税的,凯恩斯经济学最早提出了"财政调控",后来勒纳用"功能财政"一词概括了凯恩斯学派的财政观,但是财政投资是需要资金的,在财政保守主义盛行的年代增加一些赤字不会对国家财政造成多大问题,但是现在世界各国赤字居高不下,再实行凯恩斯主义困难很大。而凯恩斯学者在税收理论上也是乏善可陈,虽然汉森提出了"补偿财政"理论,但在现实中很难实行。对于大多数国家来说,即使在经济繁荣时期,财政也没有盈余,补偿财政根本无法实行,财政投资的钱只能累积成赤字。对税收问题的"研究逃避"

不仅发生在凯恩斯身上，也延续到后来的新古典综合派以及新凯恩斯主义、后凯恩斯主义等派别身上，至今凯恩斯学派仍然在逃避税收问题。

萨缪尔森甚至给肯尼迪政府提出过"减税"的施政建议。"萨缪尔森减税"经过萨缪尔森的弟子蒙代尔的"发挥"变成了后来的"供给学派"。"供给学派"又在蒙代尔的弟子拉弗那里变成全面的减税，从政策层面对凯恩斯学派形成了巨大冲击。

凯恩斯学派重点研究财政问题，财政投资肯定对"税收"问题有重大影响，但凯恩斯学派在税收问题上选择了"研究逃避"，这导致在税收领域并不能抵挡"供给学派"的冲击。

凯恩斯经济学的先天不足，为后来凯恩斯学派失去宏观经济学的主导地位埋下了"雷"。后来，这些"雷"相继被引爆。虽然货币学派、供给学派这些学派无法从根本上否定凯恩斯学派的政策有效性，但是后两个学派的崛起却分散了凯恩斯学派的政策影响力。在经济政策领域，凯恩斯学派从"一家独大"，变成了"三分天下有其一"。

第四，没有强调宏观经济学的"动态性"

在经济学中，"短期主义"绝对是个贬义词，虽然"长期主义"也算不上褒义词。凯恩斯并没有成功回应"短期主义"的质疑，其实，凯恩斯经济学不能陷进"长期主义还是短期主义"的辩论框架，而是应该用"静态分析还是动态分析"替代。"静态分析"与"动态分析"很早在美国经济学家克拉克那里就已经出现，只是凯恩斯不知道。如果凯恩斯强调自己的经济学为"动态经济学"，而不是"静态经济学"，就可以摆脱"短期主义"的污蔑。由于凯恩斯对当时美国的"静态与动态经济学研究"并不了解，所以面对质疑，只能留下"长远是对当前事务错误的指导，从长远看，我们都已经死了"的名言。宏观经济学的特殊之处不是长期与短期问题，而是动态与静态问题。

萨缪尔森在其名著《经济分析基础》中曾经指出"动态"是个褒义词，"静态"是贬义词。萨缪尔森虽然理解"动态"与"静态"，但更多的是将其利用到微观均衡研究，而不是宏观分析，以至于在宏观经济学领域，凯恩斯学派一直存在短板，弗里德曼才可以堂而皇之地从"长期主义"视角对凯恩斯主义进行攻击。弗里德曼的理论无非是建立在三个长期之上：消费从长期取决于恒久收入，货币流通速度长期不变，经济长期存在自然失业率。弗里德曼又将经济分析拉回了静态分析，凯恩斯学派如果熟练掌握动态与静态分析，学术领地不仅不会丢失，还可以对弗里德曼的长期分析形成有力的声讨。

凯恩斯经济学缺乏研究体系的后果

宏观经济学是一个研究范围十分狭窄的学科，这点与微观经济学极其不同。微观经济学可以很容易开辟出新的研究领域，新旧学说并不一定直接冲击，但宏观经济学基本上都是围绕经济危机、经济增长、通胀等几个大问题进行研究。宏观经济学"新理论"势必会对"旧理论"形成冲击。宏观经济学的"内部冲突性"远远强于微观经济学。

笔者对凯恩斯经济学的评价是"一只脚踏进了自己的经济学里，另一只脚还停留在别人的经济学逻辑里"。凯恩斯学派如果要推行财政投资主张，就必须对货币政策和减税政策进行彻底否定才行。如果这"两个否定"无法做到，凯恩斯学派始终会面临其他学派的冲击。凯恩斯学派在遇到"通胀"和"税收"问题时会毫无招架之力，只能放任其他学派的政策主张对其形成冲击。事实也是这样发展的。在20世纪70年代，遇到通胀问题时，凯恩斯主义被货币主义代替；在20世纪80年代，遇到减税问题时，凯恩斯主义被供给学派代替。

凯恩斯经济学缺乏体系、不够全面的问题，并没有在他的继承者中得到重视。凯恩斯的继承者没有发现凯恩斯学派的"核心问题"所在，也没有去解决这些问题，只能眼看着原本属于凯恩斯经济学的领地一块块被其他人占领。其实，货币学派、供给学派、理性预期学派崛起时，美国新古典综合派的学者年龄都不大。出生于1915年的萨缪尔森比弗里德曼还年轻三岁，如果他真的是"大师"，应该有反击的能力。费雪六十多岁时还能提出"债务通缩"理论；卡尔多晚年时还能写成《货币主义的惩罚》，创立"内生货币"理论……尽管绝大多数学者的核心成就都是在二三十岁时产生的，但年龄与创新能力也并不一定产生冲突。

当然，人无完人。我们没必要对古人过度苛责。凯恩斯虽然伟大，但毕竟也是凡人，他的理论缺陷正好为后人提供了学术研究的空间。可惜的是，凯恩斯的后人中，能力平平者太多。萨缪尔森和罗宾逊夫人是凯恩斯经济学在美国和英国的两大代表人物，但他们对凯恩斯经济学的实质性贡献都不大，反而是卡尔多、曼昆等贡献更大。

澄清对凯恩斯经济学的一个"缪传"

经常见到一个"缪传"，说凯恩斯的《就业、利息和货币通论》中根本没有提到过"财政投资"，这显然是错误的。"财政投资"是凯恩斯经济学最核心的东西，《就业、利息和货币通论》整本书都在论证"财政投资"主张的必要性，而且凯恩斯本人多次直接提到"财政投资"。凯恩斯在《就业、利息和货币通论》第十章"边际消费倾向与乘数"中的第二节"乘数对就业量的重要作用"中明确提到了政府投资；在第二十二章"略论经济周期"的第三节"降低失业率的方法"也明确提到了财政投资。另外，凯恩斯在《通往繁荣之路》以及在美国进行的一系列演讲中都提到了财政投资的重要性。关于这个常识问题，学术界是不会搞错的。

凯恩斯之所以是一个伟大的经济学家，不在于他提出了"财政投资"的政策主张，而在于他构建了一套理论体系支持其"财政投资"的主张。"财政投资"很多人都提出过，甚至在芝加哥学派上书罗斯福的建议中也强调过财政投资，霍特里也提出过财政投资，但是他们都没有为"财政投资"建立理论体系，而凯恩斯是唯一为其建立理论体系的，这套理论体系就是我们熟知的《就业、利息和货币通论》。

第九节　萨缪尔森、希克斯等为凯恩斯学派埋下的"新雷"

凯恩斯经济学兴起后，英国、美国众多经济学家开始参与到凯恩斯经济学的研究中。"凯恩斯学派经济学"也开始脱离"凯恩斯本人经济学"独立发展。但是这些研究大部分是偏离凯恩斯本人的主张的，而这些硬塞进来的主张最后炸毁了凯恩斯学派。其中影响最大的就是菲利普斯曲线的引入、IS-LM曲线的引入以及减税等。相反，真正出于《就业、利息和货币通论》的凯恩斯经济学反而瑕疵不多。凯恩斯学派后来遭到货币学派等的攻击，几乎没有一项是来自《就业、利息和货币通论》，而且直到现在也没有比较知名的对《就业、利息和货币通论》的批判。美国的新古典综合派被英国的罗宾逊夫人称为"冒牌的凯恩斯主义"是有一定道理的。

引入菲利普斯曲线导致货币政策的回归

凯恩斯的《就业、利息和货币通论》最大的贡献就是证明了利用"货币政策"进行"经济周期调控"的不可行。但是萨缪尔森和索洛在引入菲利普斯曲线后，实质上造成了"货币政策"在宏观经济学的回归，重新给予了货币政策在"凯恩斯经济学"中的"合法地位"。这其实是偏离了本来的凯恩斯主义。萨缪尔森虽然发现了菲利普斯曲线的问题，但他没有妥善处理，而是将问题掩盖了起来，最终导致了弗里德曼对菲利普斯曲线的"致命一击"。

菲利普斯曲线虽然总结了宏观经济学的一些特征，但本质上不是凯恩斯学派的。凯恩斯学派的核心特征是通过"财政政策"解决经济问题，而不是通过"货币政策"解决问题。后来，弗里德曼推翻了菲利普斯曲线也与凯恩斯经济学无关，也无损凯恩斯经济学，但对凯恩斯经济学在美国的代表——新古典综合派却是个打击。新古典综合派遭受这样的打击主要是因为他们并没有将精力放到扩展凯恩斯理论上，而是在构建其他不严谨的理论。

菲利普斯曲线作为一个实证结果是没有问题的，但作为政策建议就有很大问题。将"提高通胀作为降低失业"的手段即使不受学术攻击，在道德上也是有风险的。因为利用通胀解决经济增长，本身就是充满争议的事情。不仅是菲利普斯曲线，GDP公式本身也不是用于政策建议的，但最终都与经济增长政策建议挂钩了，这都违反了研究者的初衷。

IS-LM曲线与凯恩斯经济学核心无关

IS-LM曲线是希克斯在《就业、利息和货币通论》的基础上提出的。1936年10月，希克斯将他的论文《凯恩斯先生与古典经济学：一种建议的解释》寄给凯恩斯，直到1937年3月31日凯恩斯才回信。回信的原话是"我觉得这篇文章非常有意思，但就批评而言，我几乎真的无话可说"。可见，凯恩斯根本不认同希克斯用IS-LM模型来程式化他的思想的做法。

卡恩以及琼·罗宾逊认为把《就业、利息和货币通论》的思想简化为："曲线图和代数碎片"是一大悲剧。在一次访谈中，希克斯对他曾犯下的两个错误做出了解释："那两条曲线不应该放在一起。一个是产品市场均衡，另一个则是货币市场均衡。没有理由把它们放在同一个图表上。"希克斯最终也承认IS-LM曲线是瓦尔拉斯主义的，而不是凯恩斯主义的。

在笔者看来，IS-LM曲线其实最大的问题不在于利用了"均衡"的研究方法，也不在于将理论变成了模型，而在于IS-LM中的思想不是凯恩斯的。凯恩斯经济学的核心经济思想是资本边际效率崩溃，是"需求不足"理论，是"乘数"理论，这才是凯恩斯想通过《就业、利息和货币通论》

一书要表达的经济思想，也是凯恩斯"独有"的思想，IS-LM曲线却不包含这些核心思想。

IS-LM曲线的本质不是凯恩斯学派的，而是瑞典学派的，是凯恩斯已经放弃的思想。凯恩斯经济学在形成过程中是瑞典学派转变过来的，凯恩斯学派与瑞典学派是"内核"完全不同的两个学派。凯恩斯从《就业、利息和货币通论》开始已经从"维克塞尔主义"走向了"马尔萨斯主义"，但是他的转变并不彻底。文章中，他不可避免地存在瑞典学派的痕迹，这些痕迹恰恰是凯恩斯想摒弃的，而IS-LM曲线恰恰表达了凯恩斯继承的瑞典学派的那一部分，凯恩斯看到这个曲线其实是很"尴尬"的，这些理论虽然出现在他的著作中，但最终归属权是瑞典学派，就像亚当·斯密的著作也出现了曼德维尔的思想一样，但这些思想终究不是亚当·斯密的。在凯恩斯经济学形成的过程中，凯恩斯好不容易完成了自我否定，自我蜕变，反而又被希克斯和汉森拉回了瑞典学派。因此，当面对希克斯的文章时，凯恩斯肯定是"无言以对"的。就像我们生活中传播得最广的哈耶克的名言一样，其实也是哈耶克引用其他人的，而不是哈耶克的。

凯恩斯经济学本身就带有"综合"的性质，凯恩斯在历史上实现的是宏观经济学的"第一次大综合"，就像亚当·斯密实现了经济学的第一次"大综合"一样。他的"利率理论"来自瑞典学派；"有效需求不足"理论来自马尔萨斯；"工资刚性"在庇古的《工业波动论》中有所探讨；货币的"三动机"理论源于霍特里；"资本边际生产效率"的概念来自马歇尔；"乘数"理论来自卡恩；他还受到过曼德维尔、霍布森的影响……凯恩斯将这些理论进行了综合和深入研究，才有了《就业、利息和货币通论》的集大成者。

总之，凯恩斯学派的两大核心模型——菲利普斯曲线和IS-LM曲线，一个违背凯恩斯的意愿，一个压根儿就不属于凯恩斯，这两个曲线后来成为凯恩斯经济学的核心都"带偏"了凯恩斯经济学研究，而且让我们忽略了凯恩斯经济学更为核心的东西。

第十节　凯恩斯的《就业、利息和货币通论》是一部逻辑非常清晰的著作

《就业、利息和货币通论》虽然内容庞杂，但是总体逻辑却异常清晰。全书总共分为几个部分：第一部分主要论述古典学派"供给自动创造需求"的理论错误，并提出"有效需求不足"的观点，这是第一章到第三章的内容；第二部分主要证明为何会"有效需求不足"，这主要是第八章、第九章的内容；第三部分主要讲为何政府投资能解决"有效需求不足"，这是第十章的内容，"乘数"理论就是在这章中提出的；第四部分论述"货币政策为何无效"，这主要体现在第十三章中，特别是第三节"货币与几种因果关系"一文论述得非常精彩，凯恩斯在这节中对"货币政策"进行了明确的否定；第五部分论述投资对通货膨胀的影响，这主要是第二十一章"物价论"的内容，也是凯恩斯写得特别用心的章节；第六部分论述经济周期时应该加大投资，这个主张出现在第二十二章"略论经济周期"中。总之，通论是一个逻辑非常清晰，而且是层层递进，一以贯之的著作。除了这几个核心部分外，凯恩斯还穿插了一些内容，比如对收入储蓄的分析、对就业的分析等，导致内容不是那么连贯，但是瑕不掩瑜。

我们有理由怀疑希克斯没有读懂《就业、利息和货币通论》，而是借《就业、利息和货币通论》书评宣传自己的"私货"。我们要知道，希克斯是研究"均衡"理论的，他在1972年获得诺贝尔经济学奖也是因为在一般均衡领域的巨大贡献。可能希克斯并没有研读过瑞典学派，他根据《就业、利息和货币通论》悟出了宏观经济的均衡理论，但是这些理论并没有出现在凯恩斯的著作中，也与凯恩斯的著作无关。

很多人说自己读不懂《就业、利息和货币通论》，萨缪尔森也承认很长

时间读不懂这本书。在20世纪50年代，萨缪尔森还说："在麻省理工学院和剑桥大学，没有任何人真正知道该书的内容是什么。"这些人都是以微观经济学为专业，突然跨越到宏观经济学，当然读不懂，这就如研究牛顿力学的物理学家读不懂电子工程一样，两者是完全不同的原理。宏观经济学与微观经济学虽然都属于经济学，但研究的课题、研究方法完全不同。研究微观经济学的人看不懂宏观经济学非常正常，比如在微观经济学里没有关于财政政策、货币政策的内容，而在宏观经济学中这是最主要的。那些看不懂《就业、利息和货币通论》的人，同样也看不懂弗里德曼的《最优货币量》等书。

第十一节　萨缪尔森本人的问题
——"并非通才"的萨缪尔森如何为凯恩斯学派"埋雷"？

萨缪尔森是凯恩斯经济学发展史上的一位重要人物，但在笔者看来，萨缪尔森对凯恩斯经济学"贡献不大，伤害不小"，是他一手造成了凯恩斯学派的两大劲敌——货币学派和供给学派的崛起。萨缪尔森在学术理论上通过菲利普斯曲线复活了货币政策，将本来凯恩斯主张的"财政投资"变为"通过容忍通胀可以改善就业"，后来，弗里德曼对菲利普斯曲线的批判直接导致了凯恩斯经济学的失势与货币学派的崛起。另外，萨缪尔森在实践上也没有落实凯恩斯的"财政主义"，而是走向了"减税"。萨缪尔森建议的"肯尼迪减税"最终导致了供给学派的兴起。因为供给学派就是由他的学生蒙代尔以及蒙代尔的学生拉弗搞起来的。蒙代尔最初将"减税"理论化就是以"肯尼迪减税"为实践基础的。因此，萨缪尔森无论是理论上还是实践上都偏离了凯恩斯经济学，而且他的行为最终都是为"反凯恩斯主义"奠定了基础。萨缪尔森是"二战"之后宏观经济学史上的一个非常重要的"节点人物"，我们读懂了他，也就读懂了"二战"之后的整个宏观经济学史。

我们主要是批判弗里德曼的，但仍然要批判萨缪尔森。我们批判弗里德曼是因为其理论中存在着大量的错误，而批判萨缪尔森主要是"怒其不争"。

萨缪尔森并非自称的"经济学通才"

萨缪尔森1915年出生，硕士就读于芝加哥大学，博士就读于哈佛大学。在《金融理论回望》一文中，萨缪尔森曾经这样写道："也许我是经济学界最后的'通才'——因为纯理论、文字经济学和数理经济学、宏观经济学和微观经济学、统计学和概率论、对外贸易和管理经济学，全是我的主要研究对象……我的手指已经动过了每一块馅饼。"而瑞典皇家科学院在1970年为他颁发诺贝尔经济学奖的公告中，也称赞他的著作"几乎涉及了当代西方经济学的所有领域"。萨缪尔森是"经济学通才"的说法也基本在学术界得到了确认。确实，从消费者行为理论中的显示性偏好理论，到国际贸易理论中的萨缪尔森-斯托尔帕定理与完善赫克谢尔-俄林模型的要素价格均衡定理，还有宏观经济学理论中的乘数与加速原理相互作用、资本积累与经济增长乃至福利经济学中的社会福利函数，经济学的各个分支领域中，无不留下了他的足迹。萨缪尔森还广泛涉猎了国际贸易和计量经济学、经济理论和经济周期、人口统计学和劳动经济学、金融和垄断竞争、经济学说史和区位经济学等研究领域。萨缪尔森在麻省理工学院的同事、诺贝尔经济学奖得主罗伯特·莫顿说："保罗应该获得六个诺贝尔经济学奖。《科学论文集》就收入了他50年间的388篇论文。"

即使这样，在笔者看来，萨缪尔森知识功底严重不足，根本算不上"通才"。如果我们仔细检阅关于萨缪尔森的各种介绍，就会发现没有任何一个版本的介绍中说过他在货币与税收领域有所建树，而这却是宏观经济学最核心的领域。缺了这两块的凯恩斯经济学是不完善的，在这两个领域缺乏研究成果的萨缪尔森也不能称为"通才"。凯恩斯学派最终在两个领域"翻车"，这与当时凯恩斯学派的掌门人萨缪尔森在这两个方面的知识缺陷有很大关系。

除此之外，经济学史上的很多经典名著，萨缪尔森都不熟悉。萨缪尔森与凯恩斯面临同样的问题，凯恩斯对德国历史学派的理论、美国的"动态经济学"理论和英国独立发展的"货币信用创造理论"都不熟悉，萨缪尔森同样也不熟悉，萨缪尔森甚至对凯恩斯之前的整个经济学史似乎都不太熟悉。德国经济学在货币、财政上遥遥领先，甚至两百年之后，德国历史学派的很多理论仍然很前沿。萨缪尔森对德国历史学派经济学没有任何继承关系，只是从他的德国同学马斯格雷夫那里了解一些简单的财政概念，比如"公共产品"，萨缪尔森对财政理论的了解仅此而已。如果萨缪尔森深入了解了瓦格纳、克尼斯等学者的理论，他不会在财政和货币上如此毫无建树。

萨缪尔森对凯恩斯之前的英国经济学也不熟悉，甚至连亚当·斯密和曼德维尔都分不清，以至于在他的著作中属于"曼德维尔的思想"张冠李戴给了亚当·斯密，亚当·斯密从来不是"曼德维尔主义者"。萨缪尔森没看过萨依的原著，他对萨依定律的解读也是错误的。这点他继承了凯恩斯，凯恩斯也没有看过萨依的原著，凯恩斯在《就业、利息和货币通论》中对萨依定律进行了"错误引用"。萨缪尔森的《经济学》教材中完全抄袭凯恩斯《就业、利息和货币通论》中的说法，以至于人们对萨依定律至今理解错误，他的经济学教材，错漏百出。

萨缪尔森对货币理论知识不足，也缺乏兴趣，以至于他无法招架弗里德曼货币学派的崛起。萨缪尔森与弗里德曼是对立的，但是作为凯恩斯学派的代表人物，在"货币数量论"具有那么多明显漏洞的情况下，却没有对货币学派提出过任何有力的批评，最终对弗里德曼提出有力批判的反而是"后凯恩斯学派"的卡尔多、温特劳布等经济学家。萨缪尔森没有对弗里德曼提出任何批评，就与哈耶克没有对《就业、利息和货币通论》之后的凯恩斯提出任何批评一样，不是他们不愿批评，而是后者的学问远远超出了他们的研究能力，他们无力进行批评，也无处批评而已。

萨缪尔森对"微观经济学"的兴趣远远大于"宏观经济学"

萨缪尔森是哈佛大学汉森教授的学生，汉森教授是较早在美国传播凯恩斯经济学的人物，萨缪尔森作为汉森的弟子，也是他的"财政政策研讨班"成员，他的博士论文竟然不是关于凯恩斯经济学的，而是完全的微观经济学。一个真正对凯恩斯经济学感兴趣的学者，是不可能在凯恩斯经济学如日中天的时候，去写一本《经济分析基础》这样的微观经济学著作的。《经济分析基础》的写作是需要大量时间的，萨缪尔森将时间用到了写作《经济分析基础》上，自然就没那么多精力去研究凯恩斯经济学了。萨缪尔在贸易经济学、福利经济学、公共产品经济学方面确实取得了一些成就，但大部分与凯恩斯经济学无关。正如罗宾逊夫人评价的那样："萨缪尔森是在凯恩斯经济学诞生之后，仍然在宣传凯恩斯之前的经济学的人。"

与其说萨缪尔森对宏观经济学不感兴趣，不如说他对经济学根本就不感兴趣，他只对数学感兴趣。萨缪尔森做的工作大部分属于"经济学数学化"的工作，并不属于严格意义上的经济学。萨缪尔森也给经济学界开了个很坏的头，导致很多数学家开始在经济学界"鸠占鹊巢"。在这方面，萨缪尔森不能说是"始作俑者"，但绝对是危害深远者。而且萨缪尔森的研究成果更多局限于"微观经济学"领域，不符合人们已经习惯的对他的"宏观经济学家"身份的认知。另外，萨缪尔森在非凯恩斯经济学领域花费精力太多，导致他在凯恩斯经济学领域的成果乏善可陈，这也与他凯恩斯学派美国代表人物的身份不符。

萨缪尔森为凯恩斯学派埋下了两个"大雷"

萨缪尔森和索洛将改造后的菲利普斯曲线引入宏观经济学，为凯恩斯学派埋下了第一个"大雷"。这个"大雷"不仅炸毁了萨缪尔森一手创建的新古典综合派，而且直接导致弗里德曼通过批判菲利普斯曲线登上了学术巅峰，从此替代了萨缪尔森的新古典综合派，坐上了美国学术界的第一把交椅。但弗里德曼也不过是回归了凯恩斯在《就业、利息和货币通论》第二十二章的论述而已，并没有什么了不起的创新。弗里德曼只是将凯恩斯的"充分就业"概念，换成了"自然失业率"而已。

萨缪尔森为凯恩斯学派埋下的第二个"大雷"，是他在经济政策上提出了"肯尼迪减税"。这一举动无疑造成了后来供给学派的崛起。萨缪尔森的学生蒙代尔当年提出"供给经济学"就是以"肯尼迪减税"的巨大成功为样板的。后来，供给学派又被蒙代尔的学生拉弗完善为彻底的"减税主义"，成为在现实中替代凯恩斯主义的一个重要理论流派。"供给主义"与"凯恩斯主义"本身就是不兼容的，因为供给主义的"减税"必然造成政府债台高筑，从而使凯恩斯主义的"财政投资"再也难以施行。

萨缪尔森忽略了凯恩斯最重要的经济思想——"资本边际效率崩溃"思想

凯恩斯之所以在20世纪30年代的"论战"中打败哈耶克，在宏观经济学领域一统天下，就是因为提出了"资本边际效率崩溃"理论。这一理论和"灵活偏好"理论一起宣告了经济危机时期货币政策的失败，从而走出了瑞典学派累积过程理论的桎梏，开创了以"财政投资"为核心的凯恩斯主义经济学，从而有了"凯恩斯主义革命"。

笔者认为，凯恩斯经济学的精髓不在于其论证了财政投资如何可行，而在于成功论证了货币政策为何在大萧条时会失败。凯恩斯经济学的货币理论部分比财政理论部分的学术含金量要高得多。因为财政政策的有效性有目共睹，而货币政策无效性才是最值得揭示的认知盲区。这才是凯恩斯经济学最精华的部分。可惜这最重要的部分被萨缪尔森忽略掉了。萨缪尔森应该是没有充分认识到这一点，因为我们分析萨缪尔森的履历就知道他本身对货币、财政这些宏观理论缺乏兴趣。

除了凯恩斯的"资本边际效率崩溃"思想，凯恩斯的"有效需求不足"思想在萨缪尔森的教材中也没有体现，而这两个思想是凯恩斯经济学最核心的部分。

萨缪尔森擅长对别人的理论"深加工"，而不是提出"原创思想"

萨缪尔森最擅长在别人已有研究领域进行深加工，他的研究范围广，但"不聚焦"，因此他很难出"核心研究成果"。因为他大部分都是在别人的基础上进行研究，所以"原创性"不足。萨缪尔森是一个功能强大的"学术榨汁机"，他总能从别人已经榨过一遍的甘蔗中榨出汁水来，但他不善于发现"新甘蔗"。萨缪尔森的创新只是一种"榨汁"技术的创新，而不是寻找"新甘蔗"的创新。"两个剑桥之争"长达三十年，并没有争出多少有价值的思想。如果在博士期间将大部分精力放在研究凯恩斯的《就业、利息和货币通论》上，而不是写作《经济分析基础》，那么萨缪尔森的成就也许会更高。

一个学者最大的能力应该是"原创能力"，作为一个学派领袖，更应如此。但萨缪尔森恰恰缺乏这种原创能力。萨缪尔森发表了300多篇论文，大部分是在别人的理论上进行深化形成的"小成果"，而非"大成果"，为人称道的理论乏善可陈。这种"理论原创能力缺乏"的背后，就是萨缪尔森在"数学"上花的时间太多，对经典名著、对大师思想阅读得太少。生活中，他缺乏像凯恩斯、熊彼特那样阅读名著的兴趣；他远离政治，对现实的观察能力不足，也不愿意太多地深入社会，这导致了萨缪尔森在学术上并没有像凯恩斯一样成为一座"高峰"。

缺乏原创能力的萨缪尔森必然要承受因此带来的烦恼。1968年，经济学家弗里德曼在美国经济学会的主题演讲中，以通胀加速理论为主题对菲利普斯曲线进行攻击，萨缪尔森却无能为力。乔治·阿克洛夫在《过去60年宏观经济学的教训》一文中写道："萨缪尔森公开承认为此失眠。"其实，弗里德曼也并非什么新观点。如果萨缪尔森熟读《就业、利息和货币通论》中关于通胀的解释，就可以轻松回应弗里德曼了。

经济学教材中的遗漏和错误

萨缪尔森曾言："假如我能够为一个国家写作经济学教科书的话，我才不关心是谁起草这个国家的法律。"然而，任何一部公正的教科书都不应该拒绝记载新知识。因此，从这个意义上讲，教科书记载谁比谁写教科书更重要。在这一点上，萨缪尔森的学生斯蒂格利茨开始挑战他。斯蒂格利茨在自己的教科书中专门针对曾经的导师萨缪尔森写了一段话："现有的教科书不能使人们了解现代经济学，即不能使人们理解现代的经济学者如何考察世界的原理，以及不能使人们理解为了懂得当前的经济问题而必须具备的原理。当我们即将进入一个新世纪的时候，我们需要超过马歇尔和萨缪尔森。"

萨缪尔森的《经济学》教材可能是继马歇尔的《经济学原理》之后影响最大的教材之一，但萨缪尔森的《经济学》与马歇尔的《经济学原理》最大的不同在于马歇尔的《经济学原理》更多是自己的学术代表作，而非完全意义上的教材，但萨缪尔森的《经济学》一开始就是作为教材编写的。作为教材应该兼容并蓄，特别是一些没有争议的概念应该包含进去。如果一开始是因为面临压力而不能收录，那么当他成为影响最大的学术领袖后，应该让教材进一步完善，但是他并没有这样做。

萨缪尔森的《经济学》至少存在三大问题：第一，古典经济学中的很多成果没有被包含进去，包含自然价格、市场价格、自然利率、市场利率、劳动价值论等，导致很多人不了解古典经济学，也不理解瑞典学派的累积过程理论，也就无法理解《就业、利息和货币通论》；第二，在微观经济学中指向了一般均衡，而忽视了瓦尔拉斯的其他思想，导致微观经济学指向了自由主义，同时，还丢掉了克拉克的"有效竞争"思想；第三，在宏观经济学中丢弃了凯恩斯的资本边际效率崩溃思想和有效需求不足思想，德国的货币财政理论也没有吸收。可以说，这是一部非常不完善的经济学教材。

在学术界，后来货币学派、供给学派，甚至理性预期学派兴起后，萨缪尔森无法"力挽狂澜"，在学术和教科书两个领域最终都成为"边缘人"。一个学者的研究一定要聚焦，只有聚焦在一个领域才有可能出伟大成果，这需要真正的学术兴趣，也需要发现学术空白的能力。萨缪尔森显然不具备这样的能力。另外，一个学者一定要有一些"接近真理"，可以经受得住"预测检验"的理论，才可以长久地留在经济学的殿堂之上。凯恩斯做到了这一点，萨缪尔森却没有。

萨缪尔森的《经济学》教材还继承了两个错误：一是对萨依定律的解释。这个解释直接照搬凯恩斯《就业、利息和货币通论》中的解释，这与萨依的原著是不同的。凯恩斯没有看过萨依的原著，萨缪尔森也没有看过；二是萨缪尔森还照搬了凯恩斯货币论中对费雪方程的引述，而费雪在《货币的购买力》一书中所用的根本不是那样的公式。

因为萨缪尔森的《经济学》教材具有巨大的影响力，所以后来的许多教材沿袭了与萨缪尔森同样的错误，导致现在经济学界对萨依定律和费雪方程的引述多数都是错误的。这些都是非常重要的内容，不是边缘内容，而如此重要的内容，萨缪尔森竟然没有核对原著。

马斯克曾经说过，世界是一个巨大的草台班子，很多人是很"水"的。当我们去考究经济学原著时，或许才会真切理解"以讹传讹"这个成语的真正含义。

对萨缪尔森的总结

萨缪尔森尽管写了几百篇论文，但是总体感觉是他的探索欲不足。这与那些典型的学术大师是完全不同的,也是他与那些开宗立派的经济学大师的明显区别。笔者并不是要刻意责备萨缪尔森,从某种程度上讲,笔者与萨缪尔森一样也是"凯恩斯主义者"。然而,一个学派的"自我革命"必须有来自"内部的批判"才行,这是任何"外部批判"都替代不了的。以萨缪尔森为代表的新古典综合派也受到过罗宾逊夫人和明斯基等人的批判,但是他们的批判还不够。罗宾逊夫人对萨缪尔森的批判更像是一个来自社会主义者的批判,明斯基的批判更多是从狭隘金融的视角出发,而不是从整个宏观经济学的视角出发。

另外,萨缪尔森还提出了"显示原理""自动稳定器"理论,没有什么害处,也不是实质意义上的创新,不是"根本性"的理论。萨缪尔森对宏观经济学的贡献远低于汉森、勒纳、明斯基这些真正崇拜凯恩斯的人。

萨缪尔森最值得肯定的学术贡献

萨缪尔森虽然不像凯恩斯这些开宗立派的大师那样伟大与出色,但也不能说他是完全意义上的"庸才",他对经济学也有一些独到的贡献。在笔者看来,萨缪尔森最有含金量的学术贡献是他提出了"合成谬误"和"分解谬误"两个概念。因为这两个概念真正指出了微观经济学和宏观经济学的区别。但遗憾的是,萨缪尔森并没有对这个概念充分地展开解释。

萨缪尔森时代宏观经济学刚刚建立,宏观经济学与微观经济学的冲突也开始暴露出来。很多微观经济学的理论并不能用于宏观经济学,很多宏观经济学的理念也不能用于解释微观现象,于是"合成谬误"和"分解谬误"两个词诞生了。在笔者看来,"合成谬误"表示的就是微观经济学原理不能随便用于宏观经济学;"分解谬误"就是宏观经济学原理不能随便用于微观经济学。举例来说,如果保护私人产权是可行的,而主张整个社会都实行私有制则是不可行的,这是合成谬误;对经济进行宏观调控是可行的,但如果将宏观调控污蔑为对私人经济的干预则是犯了分解谬误。通过这两个概念，我们可以更好地体会宏观经济与微观经济的区别。

第十二节　对后凯恩斯学派"现代货币理论（MMT）"的对比与评价

现代货币理论是美国后凯恩斯学派提出的一种解决经济危机的方案。现代货币理论认为可以通过"财政赤字货币化"解决经济危机时期的政府支出问题。"财政赤字货币化"其实并非新主张，一直有人想尝试，而只有现代货币理论将其学术化了。对于这一主张，我们首先明确，后凯恩斯学派的"财政赤字货币化"与美国货币学派的量化宽松有类似之处，肯定也借鉴了量化宽松，但也有区别。量化宽松是"对整个经济货币化"，而后凯恩斯学派则主张"只对财政赤字货币化"。因此，前者的本质是货币主义；后者的本质是凯恩斯主义，只是在筹集财政资金时借助了货币主义。现代货币理论还对财政赤字的用途进行了规定。

"货币数量论"制约下的"财政赤字货币化"面临问题之一：可操作空间小

如果在经济危机时期，在"通缩"的大环境下，通过财政赤字拉动经济增长是可行的，但是"财政赤字货币化"必然面临通胀的威胁。"财政赤字货币化"增加的货币，只能与正常的"基础货币"增长率一致，也就是与经济增速一致才可以避免通胀。因此，考虑"通胀"时，"财政赤字货币化空间=基础货币数量×经济增速"。比如经济增速是3%，那么就只可以拿出基础货币数量3%的货币数量去填补财政赤字。基础货币与国内生产总值是有区别的，基础货币的数量远远低于国内生产总值。基础货币数量的3%，不足国内生产总值的1%，而经济危机时期的财政赤字一般都要5%

以上。因此，如果考虑"通胀"的限制，"财政赤字货币化"增加的货币数量对于改善赤字意义不大，只是杯水车薪而已。即使短期先不考虑"通胀"的限制，从长期也要考虑。

"货币数量论"制约下的"财政赤字货币化"面临问题之二：货币回收难

后凯恩斯学派提出"财政赤字货币化"是以失业和通缩为界限。如果以失业和通缩为限制，那么在短期内无须考虑增发的货币数量问题。如果短期内不考虑增发的货币数量问题，那么只需要考虑一个问题，即后期的"货币回收"问题。现代货币理论学派提出"用税收回收货币"，这确实是个好方法。税收的量也是很大的，基础货币的数量是很小的，用税收回收货币完全可行。但"用税收回收货币"也存在两个问题：第一，增加税收是否容易？现实是非常难的；第二，在实践中，政府会不会将"回收货币"的税收重新用于财政支出？如果将"回收货币"重新用于财政支出，还是等于"货币超发"。如果不用于财政支出，就必须要求政府是"现代货币理论"的忠实执行者，或是在通胀的压力下被迫这么做。这点是存疑的。而且在现代货币理论中，"货币回收"的执行者由中央银行变成财政部。中央银行一般是没有自身利益的，但财政部往往面临巨大的财政支出压力，很难缩减政府开支。因为"用税收回收货币"后，政府必须缩减财政支出才可以达到"回收货币"的目的，这时财政部愿不愿这样做很关键。要做到"货币回收"，只能在批准政府赤字时同步出台与"货币回收"相关的"税收制约方案"。这种"货币回收制约"对"现代货币理论"的成功实行以及维护"现代货币理论"的学术声誉是非常必要的措施。

现代货币理论具有"使用时间局限性"，必须在"充分就业"实现之前停止使用。根据凯恩斯的"半通胀"理论，通胀在"充分就业之前"已经开始出现了，所以"财政赤字货币化"不能在"充分就业临界点"退出，而是应该在"充分就业临界点到来之前"退出。现代货币理论本质是具有"使用时间局限性"的"短期措施",如果现代货币理论是"短期措施",那就不能代替"财税改革"。因此,现代货币理论与笔者的新财税主义宏观经济学是不冲突的,而且是可以相互配合的。在短期内可以实行现代货币理论的"财政赤字货币化",但在长期需要实行新财税主义宏观经济学的"财税改革"。这样"短期经济问题"和"长期经济问题"都有了解决方案。

"财政赤字货币化"与量化宽松都会导致"资本边际收益率崩溃式萧条"

在经济危机时期实行财政赤字货币化会面临"使用空间小""货币回收困难"的问题,而在非经济危机时期实行"财政赤字货币化"会面临"通胀"的约束,而且财政赤字的数量是非常大的,会大大增加基础货币的投放,就会造成巨大的通货膨胀。这点与货币主义是没有区别的。尽管投放方式不同,但是增加货币是可以流动与扩散的,最终会变成货币总量的增加,都会面临通胀问题。

而且"财政赤字货币化"与量化宽松都面临一个共同的问题,那就是低利率的危害。低利率是现代货币理论和量化宽松共同的弊端,如果是短期还可以,长期实行必然出问题。只要是导致"低利率"的货币政策对经济的"系统性危害"都不可避免。如果对"财政赤字货币化"形成依赖,国家仍然会陷入"资本边际收益率崩溃式萧条"。如果民间投资无法激活,仅仅依靠政府投资也是不行的。

总之,现代货币理论的"财政赤字货币化"理论上看似没有问题,而且比货币学派的量化宽松更优,因为"财政赤字货币化"增加的财政支出是财政部直接使用,可控性更强,但在实践中就会面临操作空间小、货币回收难的问题,而且如果作为长期措施使用,会面临与量化宽松同样的问题;一是通胀风险,二是廉价货币冲击整个经济系统的资本收益率,形成

"资本边际收益率崩溃式萧条"。人类面临的政府债务问题最终要通过根本性的"财税改革"才能解决。

第十三节　凯恩斯经济学的道德意义——凯恩斯可能性三角

一门学说可以长盛不衰成为正统，这门学说起码应该是道德的。凯恩斯经济学历经几代人而绵延不衰就是因为其不仅具有学术意义，更具有一定的道德意义。本节主要从道德的角度看待凯恩斯主义。

凯恩斯可能性三角

自由、平等和效率是人类追求的三个伟大的目标，人们希望这三个目标可以同时实现，但这是不可能的。我们如果单一地过度追求其中任何一个目标，最后的结果往往都是灾难。这方面人类已经有过太多的教训。

在经济学界，追求单一目标的学派很多，比如奥地利学派单一追求自由，其结果必然损害平等；计划经济单一追求平等，其结果必然损害自由，这三个目标本质上是冲突的。要在同一时间完全实现这三个目标是不现实的。那些号召大家只为其中一个目标而努力的做法都是不道德的，而彻底放弃其中任何一个目标也是我们不愿意的。如果想最大程度兼顾自由、平等和效率三个目标，只有实行凯恩斯主义式的政府干预才行，我们称之为"凯恩斯主义可能性三角"。人类发展到21世纪，无论是奥地利学派、新古典经济学还是计划经济，都已经被学术界所抛弃。"二战"后，绝大多数国家在现实中都实行了凯恩斯主义式的经济干预，已经从"凯恩斯可能性三角"中摸索出了一条切实可行的道路，也在这条道路上尝到了甜头，构筑了现代人类文明。今天，任何对单一目标的宣扬都应该得到理性人士的抵制，因为那必然意味着对其他目标的放弃，必然是不道德的。

国家功能的"止恶"说

尽管现代经济学已经不再使用"政治经济学"的名称，但探讨政府的作用依然是其最重要的命题之一。笔者认为，政府的第一作用就是"止恶"，这也是人类建立国家的初衷。人类建立国家既要止住自然之恶，也要止住社会之恶。没有国家之前的社会是原始的丛林社会，那时的人类生活犹如动物世界，互相伤害是常态，直到国家的出现才让这种互相伤害得到最大程度的避免。国家如果出现坏人，就要以国家的名义对其惩罚。国家建立的第一目的是制止作恶行为，先有了"止恶"，而后才可以谈到"良治"。先有"止"后有"治"，如果第一职能履行不好，其他职能都无从谈起。

一个文明的社会必然是最大程度上可以"止恶"的社会。一个社会如果不能有效地"止恶"，就不可能是文明社会，而是野蛮社会。正是因为国家有了"止恶"的职能，人类才走出了丛林社会，构建了人类文明。一个国家文明的程度主要取决于其"止恶"的程度。因为有了国家的"止恶"功能，人类才极大地扩展了可以享受的自由的边界。越多的恶行意味着越少的自由，而越少的恶行才意味着越大的自由。如果不能有效"止恶"，甚至反对"止恶"，而空泛地宣传自由，甚至以自由的名义作恶或纵恶，那即便得到自由也是互相伤害的自由。

对凯恩斯经济学的误解

凯恩斯经济学对经济奉行的是宏观干预，而不是微观干预；凯恩斯经济学管理的是经济，而不是人。我们不能将政府干预等同于微观干预，甚至就与政府管制混为一谈，两者是完全不同的。如果是那样理解，就犯了经济学中的"分解谬误"。政府的宏观干预主要体现为财政政策和货币政策、产业政策等，不直接干预微观个体，对微观个体的自由没有影响。凯恩斯经济学宏观干预就像是干旱时期的人工降雨，对绝大多数人都是有益的。

附录1

货币学史梳理

为了增强读者对货币金融的理解，我们增加这篇背景介绍。在了解货币金融历史之前，我们必须先了解几个最基本的事实，那就是金融危机要早于经济危机，殖民掠夺要早于工业革命。在西方国家，现代金融业最早是为殖民掠夺服务的，而不是为工业革命服务的，商业银行是在殖民掠夺和工业革命之前就已经出现的古老事物。

货币金融学的发展大概经历了几个发展阶段：

第一阶段：货币数量论

无论经济学还是货币学都是在反对重商主义的过程中诞生的。亚当·斯密反对重商主义提出了自由贸易理论，成为西方经济学的开端；货币学的"货币数量论"也是从反对重商主义开始的。重商主义的主要做法是"积累金块"，积累货币必然造成通货膨胀。货币数量论强调货币数量与价格成正比，正好可以批判重商主义。

第二阶段："信用创造论"的诞生与发展

"信用创造论"其实就是商业银行的贷款可以创造货币的理论。"信用创造论"认为"银行的功能在于为社会创造信用"，银行能超过其所吸收的存款以放款于人，且能先行放款，以此创造存款。银行通过信用的创造，能为社会创造出新的资本，以推动国民经济的发展。18世纪英国经济学家约翰·劳是"信用创造论"的先驱者，他认为国家拥有的货币多，创造就业的机会就多，就能增加国民财富。约翰·劳相信货币具有积极的力量，信用扩大，货币增加，就能促进工商业的发展。

近代"信用创造论"的继承者及代表人物马克鲁德在他的《信用的理论》一书中认为"银行及银行业者的本质是信用的创造和发行，所以银行绝不是借贷货币的店铺，而是信用的制造厂"。信用创造资本，信用就是货币，银行具有无限创造信用的能力。德国金融理论学者阿伯特·韩在1920年出版的《银行信用之国民经济理论》中指出"信用就是货币"，从生产和分配的领域论述信用如何形成资本。熊彼特认为是科学技术进步、新产品、新工艺、新材料的出现引起了生产要素的重新组合，从而产生了对银行信用的需求。熊彼特1912年出版的《经济发展理论》专门分析了信用与资本形成的过程，其"信用创造论"包含于他的"创新理论"中，即信用扩张创造了资本，实现了创新。

第三阶段：将信用创造与经济周期联系起来

马克思较早地将信用创造与经济周期联系起来，这些理论被奥地利学派吸收。哈耶克在《价格与生产》中谈到自己的商业周期理论时说："前几讲阐述的商业周期理论的核心观点并不是什么新东西。产业波动本质上是由资本设备的交替性扩张－收缩构成的，人们经常强调这一点……在德语文献中，这一看法主要是由卡尔·马克思的著述提出的。图甘－巴拉诺夫斯基正是以马克思的理论为基础的，而他的研究后来又成为斯皮特霍夫教授和卡塞尔教授研究的起点。毋庸讳言，本系列演讲中所提出的理论，在某种程度上是对后两位学者，尤其是斯皮特霍夫教授的理论的发展。"

马克思主义经济学分析家迈克尔·佩尔曼认为，马克思认识到了，"信用乃是导致经济混乱的核心因素……马克思将他对信用的分析整合进他的经济理论中。将这一分析联结起来的关键，就是虚拟资本的概念"，即没有真实储蓄作基础，而由货币体系创造出来的资本。佩尔曼概括了马克思的理论："虚拟资本对价格信号的扰乱越严重，人们越是无法得到有关经济的重要信息。关于生产活动的决策就越来越与其基本结构脱节。这会对经济构成压力，而这种压力却是看不见的。"这也正是哈耶克的基本看法。哈耶克在《价格与生产》中曾提到过马克思与斯皮特霍夫这一派的思想，他说："19世纪上半叶，这样的理论曾一度极为盛行，当时的财经记者经常使用的一个词，所反映的基本上就是我们这里所说的观点。'虚拟资本'被创造出来，使企业活动无法维持，或使新企业无法完工，最后，这些企业就倒闭了。"这也是为什么后人在阅读哈耶克与马克思的资本理论著作时会发现多有相同之处的原因。如果你读到《资本论》第二卷的2/3处，再读哈耶克的《纯粹资本理论》，进行一番比较后你就会发现，他们搞的研究是一回事。哈耶克也并没有将这一理论据为己有，他在伦敦讲授《马克思的危机理论》的讲课档案，有20页的教案涉及包括马克思、图甘－巴拉诺夫斯基、斯皮特霍夫在内的参考书目。关于图甘－巴拉诺夫斯基（他的理论基础是马克思），哈耶克在教案中写道："图甘－巴拉诺夫斯基的著作是现代商业周期理论最有影响力的来源。他1928年的《利润》、1929年的《储蓄的'悖论'》等论文，就是利用马克思提出的'由于信贷扩张扰乱真实储蓄与资本需求的关系，从而扭曲经济结构的思想'来解释经济危机。"哈耶克的上述论文引起了伦敦政治经济学院经济系主任罗宾斯的注意。哈耶克在回忆罗宾斯对《储蓄的"悖论"》一文的看法时说："这正是我们在反击凯恩斯的时候需要的东西。"随后，哈耶克被罗宾斯聘到伦敦政治经济学院，并在背后主导了凯恩斯与哈耶克的论战。哈耶克在伦敦政治经济学院讲课的主要内容之一就是马克思的经济危机理论。

第四阶段：中央银行利用"存款准备金"限制"信用创造"

由于商业银行无限信用创造会引起经济的混乱，因此需要中央银行加以"规范"。世界最早出现的中央银行是1656年的瑞典银行。1913年，美国建立了联邦储备体系。在这期间，瑞士、英国、法国、德国、日本、美国等29个国家和地区设立了中央银行。1921年至1942年是中央银行制度的扩张阶段，世界各国改组或新设立的中央银行有43家。中央银行最早的功能是发行货币，后来核心功能增加了"收取存款准备金"和"设定准备金利率"。其中，存款准备金制度是抑制商业银行无限信用创造的关键措施。

英国1928年通过的《通货与银行券法》、美国1913年的《联邦储备法》和1935年的《银行法》，都以法律形式规定了商业银行必须向中央银行缴存存款准备金。由于1929～1933年的世界经济危机，各国普遍认识到限制商业银行信用扩张的重要性，实行中央银行制度的国家都仿效英美等国的做法，纷纷以法律形式规定存款准备金的比例，并授权中央银行按照货币政策的需要随时加以调整，全球普遍开始实施存款准备金制度。存款准备金制度成为保证银行支付清算规模、控制货币供应量和稳定市场利率的重要货币政策工具。20世纪70年代以来，随着西方主要国家货币政策目标的调整以及金融创新活动的兴起，存款准备金率大幅度下降，存款准备金制度的重要性显著下降，并逐步演变成货币政策工具的辅助性工具。

第五阶段：货币均衡论的发展

货币均衡论是瑞典学派提出的。当时的经济学家瓦尔拉斯等人提出了"一般均衡"概念，瑞典学派的维克赛尔将均衡思想引入货币学，并将亚当·斯密的自然价格和市场价格理论改造为自然利率与市场利率理论，从而提出了货币均衡理论。瑞典学派建立的货币均衡主要是从企业的货币需求侧建立的利率均衡，是单边均衡。瑞典学派的货币均衡论引起了凯恩斯的注意，曾经非常流行。凯恩斯大战哈耶克主要围绕瑞典学派的理论展开辩论，后来凯恩斯在《就业、利息和货币通论》中走出了对货币均衡论的痴迷。

第六阶段：货币需求理论的发展

货币需求理论的雏形是庇古方程，凯恩斯在庇古方程的基础上，结合霍特里的货币需求三动机理论建立而成。

第七阶段：现代货币数量论

弗里德曼的现代货币数量论是用凯恩斯货币需求理论同样的形式论证却得出了与传统货币数量论一致的结论，弗里德曼强调了不同金融产品面对利率的一致性，忽略了它们之间的"替代效应"。金融产品之间确实存在一致性，但替代效应也非常明显。避险资产并非民众手中的现金，有时也是低风险理财产品，忽视了替代效应是弗里德曼的错误之处。

第八阶段：研究预期理论对货币政策的影响

弗里德曼依据适应性预期理论认为货币政策短期有效，而卢卡斯则认为短期与长期都无效。弗里德曼只是否定了菲利普斯曲线，但与凯恩斯的学说并不冲突。凯恩斯也反对通胀政策，卢卡斯从本质上也否定了弗里德曼，因为只有货币学派才是完全依赖于货币政策。这些研究是对货币政策的研究，并非对货币运行本质的研究。

第九阶段：内生货币理论阶段

内生货币亦称"不可控货币"，它与"外生货币"相对，是不由中央银行而由经济体系所决定的货币。商业银行和非银行金融机构都具有创造货币的能力。货币内生理论的出现是货币信用创造理论的复活，主要是用内生货币的不可控性否定弗里德曼的货币数量论。货币流通速度不变的假设也是错误的。内生货币理论否定货币数量管理，后来，新凯恩斯学派提出了泰勒规则，成为美联储货币政策的主流。

第十阶段：后凯恩斯主义阶段

后凯恩斯主义肯定了弗里德曼的政策，也主张印钞，但主张将印钞用于政府投资。

附录2

高连奎货币理论创新年表

在《凯恩斯传》中，斯基德尔斯基记录了凯恩斯这样形容自己思想的形成过程："创造性思想在一开始是脑子里的灰色、模糊和头绪纷乱的怪物。在思想发展的后期才能找到精确的语言来描述它。你能够精确有效地思考问题，但要用所谓照相的方法把你的思想记录下来则要花更长的时间。"韦伯在著名的《以学术为业》一文中说："如果不能以科学家独特的迷狂和热情，去努力抓住这种机遇和灵感，则不能从事学术工作。"

1. 2011年1月，高连奎出版《中国大形势》一书，提出"低利率陷阱"的概念，并认为"低利率陷阱"将是中国未来可能面临的"五大政策陷阱"之一。

2. 2011年11月，高连奎发表"恒定利率才能稳定经济"的文章，最早提出"恒定利率"的经济主张。

3. 2012年2月，高连奎在《中国大趋势》一书中提出"世界经济日本化"的观点，并将其列为未来十年的九大趋势之一，其中蕴含了后来的"政府债务—中央银行利率"螺旋理论。

4. 2012年9月，高连奎在上海证券报发表"稳增长须消除对通胀的非理性恐惧"的文章，提出"通胀是一种经济增长现象"的情形，认为解决通胀最好的方法是把握好经济发展的速度，而不是过度依赖货币政策。文章蕴含了后来的"内生性与外生性通胀"理论。

5. 2013年1月，高连奎在上海证券报发表"走向精准调控是必然"的文章，提出了"精准调控"的概念。

6. 2013年7月，高连奎在上海证券报发表"管理经济就像放风筝"的文章，提出"温泉型经济"和"火山型经济"的概念，并提出通过控制传统经济来对冲新兴经济冲击的观点。

7. 2015年6月，高连奎出版《新常态：中国发展如何进行下去》一书，对自己的宏观经济理论进行初步总结。

8. 2016年6月26日，《中国城市报》全文刊发高连奎的《新财税主义宣言》，文中正式提出"新财税主义经济学"，这是一个涵盖货币、财税、增长的综合性理论体系。

9. 2016年8月，高连奎牵头召开新财税主义论坛，标志着新财税主义经济学作为一个学派的成立。

10. 2019年10月，高连奎在美国出版《21世纪经济学通论》，首次对自己的经济学理论进行了系统总结。

11. 2021年4月，高连奎在《现代商贸工业》期刊发表"第四代经济增长理论"论文，正式提出"第四代经济增长理论"。第四代经济增长理论之前就涵盖在新财税主义经济学中。

12. 2021年6月，高连奎在《商业文化》期刊发表"政府债务型经济危机概述"，梳理了"政府债务—中央银行利率—金融投资—经济创新"之间的传递机制，后来也称为"债务—创新"传导理论。

13. 2021年7月，高连奎在《当代经济》期刊发表"内生性通胀与外生性通胀理论——兼议凯恩斯经济学的衰落与复兴"的论文，提出内生性与外生性通胀理论。

14. 2021年12月，高连奎在《河北企业》期刊发表"货币流动理论——利率指挥棒效应"论文，正式提出"货币流动理论"和"利率指挥棒效应"，同时提出货币金融视角下产业组织理论。

15. 2023年1月，高连奎在《商展经济》期刊发表"中国宏观经济学对西方新古典宏观经济学的革命——谈'货币政策与金融机构激励相容'理论与'公共产品市场非均衡'理论"的论文，正式提出"货币政策与金融机构激励相容"理论，率先将"激励相容理论"引入货币学研究。

16. 2022年3月，高连奎在《投资与创业》期刊发表"动态货币数量论与中央银行'运行货币总量管理'规则——基于发行货币与运行货币概念的货币周期与经济周期理论研究"论文，正式提出"动态货币数量论"和中央银行的"运行货币总量管理"规则。

17. 2023年2月，高连奎在《当代经济》发表"供给侧货币分析与'最优中央银行货币利率'理论——基于'中央银行—金融机构—实体企业'三元货币市场结构的分析"论文，正式提出"供给侧货币学""最优中央银行货币理论""中央银行—金融机构—实体企业"三元货币市场结构等理论。

18. 2023年8月，高连奎出版《中国自主创新经济学》一书，提出"可替代费雪方程的投融资货币方程"理论、"资本边际收益率崩溃"理论、"无感调控"理论和"精准调控"理论。

注：因为论文或著作发表都有一年左右的滞后期，其实这些理论的提出时间比论文或著作发表时间要早一年左右，有的早得更多。

后记

我为何发起宏观经济学革命？

宏观经济学历史上的理论创新很多，但可以称为革命的却少之又少，比如费雪、明斯基、萨缪尔森、索洛、托宾、罗默、伯南克等学者都提出了非常优秀的经济理论，但他们的研究成果却无法被称为革命。目前，宏观经济学历史上可以被称为革命的只有凯恩斯革命、货币主义革命、供给革命和理性预期革命等，这些被称为革命的理论的共同点是它们都推翻了原来的宏观经济政策，树立了新的宏观经济政策。比如凯恩斯革命是推翻了廉价货币政策，树立了财政主义政策；货币主义革命是通过实证主义研究重新树立了货币政策的有效性；供给革命则是将财政政策从政府支出扭转为政府减税；理性预期革命则重新证明了货币政策的无效性。

货币主义滥用与资本收益率崩溃式萧条

当今宏观经济学界虽然学派众多，但影响最大的还属弗里德曼的货币学派，他在1963年出版的《美国货币史》一书中对"大萧条"的研究使人们重新发现了货币宽松对拯救经济危机的作用，弗里德曼在《美国货币史》中声明，大萧条的罪魁祸首是美联储的流动性紧缩政策，因此，只要美联储提供足够的流动性就可以避免萧条的再次发生。芝加哥大学的罗伯特·卢卡斯教授在2003年的美国经济学会会长演讲中也代表西方主流经济学宣称"预防大萧条的核心问题在几十年前就已经得到解决"，其自信心就来自于弗里德曼的研究。同时"量化宽松"货币政策的制定者伯南克在其著作《大萧条》中也承认他的理论研究基础就是弗里德曼的《美国货币史》。此后"量化宽松"货币政策开始陆续出炉，最开始只是在日本实施，2008年全球经济危机之后成又为世界各国拯救萧条的主流政策，然而随着货币主义的滥用，一些新的问题也开始爆发出来，本书就揭示了一种因"货币主义滥用"而诞生的新的萧条形式——资本收益率崩溃式萧条，这种新的萧条是人类以前没有遇到的，也是弗里德曼本人没有意识到的，如果没有货币主义的滥用就不会有资本收益率崩溃的出现，货币主义滥用造成的资本收益率崩溃式萧条具有极强的隐蔽性、危害性和持久性，其隐蔽性是指很少有人认识到货币超量发行造成的危害，甚至大部分人都认为货币超发是有利于经济增长的，其危害性在于其从根本上扭曲了社会报酬支付机构，造成全民创富热情的消失，最后导致国家走向无欲望社会，其持久性在于会导致经济陷入"低利率高债务螺旋"，这种螺旋一旦陷入就很难走出。

　　本书称为"货币革命的再革命"，是因为笔者致力于推翻弗里德曼的研究结论。笔者在书中提出增加货币发行量未必会造成有效货币供给的增加，增发的货币可能成为无效货币或低效货币。因为超量货币发行造成的低利率会导致货币流通速度的下降，货币数量增加与货币流通速度下降两者相对冲，会导致有效运行货币的总量不仅不会增加，反而可能减少。这其实也是凯恩斯曾经警示过的"流动性陷阱"，只是凯恩斯单单从民众理财的角度揭示了流动性陷阱的成因，而在本书中，笔者则是从货币政策与金融机构激励相容的角度揭示了流动性陷阱的成因。为了避免流动性陷阱的出现，我们要注重信贷类金融机构的激励问题，不可以过度降低信贷利率，更不可以将信贷利差降低至信贷机构的"自然坏账率"以下。因为当银行的利差低于银行的"自然坏账率"时，信贷规模理论上就有归零的风险。信贷类金融机构的风控是以利差为基础的，利差越大，风控越松，利差越小，风控越严。过低的利率虽然降低了部分信誉较好的实体企业的融资成本，但实质上变相地提高了信贷门槛，将更多的企业挡在了门外。这也是低利率时期银行"有钱放不出去"的原因之一。弗里德曼的货币主义主张主要来自于其对大萧条的"统计实证研究"，不仅缺乏理论支撑，也无法经受住实践的检验。

经济学是一门非常奇妙的学问，其研究结论往往与"常识"相反。宽松型货币政策往往会导致货币紧缩的结果，即流动性陷阱的出现；紧缩型货币政策反而会导致货币宽松的结果，即流动性泛滥的出现。经济政策的结果常常与经济政策制定者的初衷相悖，这背后的原因是我们对经济规律掌握得不充分。

利率主义与资本形成原理

本书还重新揭示了资本的形成原理。资本是由货币转化而来的，但货币并不能直接促进经济发展，而资本可以。货币只有转化为资本才可以在经济增长中发挥作用。如果我们不掌握资本形成原理，也就无法掌握经济增长的奥秘。资本形成原理研究的就是货币如何向资本转化的规律。

其实，西方经济学在两百年前的重农经济学时代就已经将"资本"列为生产三要素之一，但现实中人们对资本的作用仍然认识不足。人们对资本的重视程度远远不及对企业家精神的重视程度。其实，如果没有企业家的存在，工人会失业，而如果没有资本的存在，企业家就会失业。在构建"金融强国"的过程中，我们一定要重视资本的作用，要懂得货币向资本转化的原理。

现代经济学中对资本形成原理的认识很多是错误的，其中尤以凯恩斯学派和货币学派为代表。凯恩斯学派认为资本积累源于储蓄，并在此基础上提出了"哈罗德-多玛"模型。但根据货币学的原理，储蓄并非来源于普通民众，而是由贷款过程中的返存行为造成的，也就是资本的形成并非来源于储蓄的人，而是来自于不储蓄的贷款人。这一点在现代货币学中已经成为共识。同时，货币学派的弗里德曼所认为的只要将货币发行出来就自然会形成资本的想法也是大错特错的，而且其结果恰恰相反。资本的形成与货币的松紧并不呈现正相关关系，甚至是负相关关系。货币宽松时，可能转化成资本的很少；货币紧缩时，可能转化成资本的非常多。笔者在书中指出，货币向资本转化是需要一定的宏观货币环境才可以的，而适度高利率是将货币孵化为资本的最有利的宏观环境。商业银行的信用创造行为是货币向资本转化的关键。在这个过程中，起关键作用的也不是企业的信贷需求，而是金融机构的供给意愿和供给能力。只有高利率才可以提高信贷类金融机构的货币供给意愿与供给能力。货币利率政策不仅具有拉力，更具有推力。一个国家只有掌握了资本形成原理，才可以抓住经济的命门，才可以掌握住经济增长的"魔法"。对待资本，宏观上我们应该扶持其更好地服务实体经济；对待掌管资本的人，微观上我们应该严格监管。这两者之间并不冲突。

弗里德曼的货币主义本质是"货币数量主义"，他过度重视货币数量调整对经济的作用；笔者在本书中的研究可以称为"利率主义"。笔者的"利率主义"与弗里德曼的"货币数量主义"研究路线不同，笔者特别强调利率的作用，而且得出了与弗里德曼以及其他主流经济学研究相反的结论——笔者主张中央银行应该实行"最优中央银行货币利率"。"最优中央银行货币利率"不是传统经济理论认为的低利率，更不是高利率，而是一个中间利率。只有在这个利率点上才可以实现最大程度上的货币向资本转化，才可以实现有效货币供给的最大化和经济增长的最大化。

现代宏观经济学普遍承认"逆经济周期操作"的重要性，但现实中，由于人们对经济运行规律掌握得不够，很多逆周期经济政策并不能熨平经济周期，而是延长或助推了经济周期，比如货币越紧缩经济越繁荣，货币越宽松经济越萧条的情况屡见不鲜。经过本书的研究，这些现象都可以得到非常好的解释。

有效货币分析法

本书作为一部货币学专著，旨在教给大家一种基于货币学的新的经济分析方法。现代经济分析方法主要有两种：一是微观分析法，主要是从供给与需求的角度进行分析。这种方法主要是由经济学家马歇尔创立；二是宏观分析法，主要从投资与消费的角度进行分析。这种分析方法主要由经济学家凯恩斯开创，其核心模型可以简化为"总需求＝投资＋消费"。笔者在本书中提出了经济分析的第三种方法，也就是"有效货币分析法"，主要是通过观察"有效货币"的供给情况对经济进行判断。如果有效货币供给数量增加，经济就向好；如果有效货币供给数量变少，经济就向坏。笔者之所以提出"有效货币"的概念与"有效货币分析法"，是因为弗里德曼的货币数量理论完全错误。单一盯住"外生货币"的方法在经济分析中是完全不行的，有效货币的增减经常与外生货币的增减是朝着相反的方向运动的。外生货币增加而有效货币减少和外生货币减少而有效货币增加的情况时有发生，我们一定要重视这种货币反常现象。笔者的有效货币分析法就是在研究这种货币反常现象的基础上提出的，也可以很好地解释这种现象。

在有效货币分析法看来，经济萧条往往是因为"有效货币不足"，当然，有效货币不足也不完全是因为货币因素导致。有效货币不足往往是由"资本效率崩溃"和"资本收益率崩溃"两种情况导致。前者由产业周期决定，后者是人为因素导致。有效货币分析法可以将凯恩斯在《就业、利息和货币通论》中提出的"资本效率崩溃"概念和笔者提出的"资本收益率崩溃"概念统合起来。有效货币分析法不仅在分析经济增长与经济周期时非常好用，同时在分析通胀问题时也更加清晰明了。根据笔者在本书中提出的"有效货币通胀理论"，经济通胀就是有效货币数量在增加；经济通缩就是有效货币数量在减少。

掌握了有效货币分析法的人将会在经济分析中变得更加游刃有余。我们有理由相信，这一分析方法未来也会被多数经济研究者所青睐。

中国经济学的创新与超越

美国经济学家鲍莫尔在《资本主义的增长奇迹：自由市场创新机器》一书中指出"绝大多数的革命性新思维都是由独立创新者首先提出来的，并且这一状况可能延续下去"。本书提出的理论可能部分人一时难以理解，这主要有两方面的原因：一是任何新智慧的产物都是与旧有的共识相冲突的，这也是人类进行理论创新的意义之所在，也是人类认知能够不断提高的原因；二是笔者的理论与经济学家明斯基的理论一样，只有那些有着金融实操经验的人才更容易读懂并深刻理解，而那些远离经济实际，甚至从来不接触企业家和金融机构的人是很难理解这些理论的。当然，这也是所有货币金融理论创新在现实推广中面临的共同问题。

近年来，中国开始打造自主知识体系，但中国自主经济学知识体系的创立绝不仅仅是对中国发展经验的简单总结，而是一次对西方经济学的全面超越。中国自主经济学不仅要自用，还要向全世界输出。这需要我们在吃透西方经济学的基础上全面超越他们，达到连他们也难以企及、难以超越的理论高度。首先，这需要我们对西方经济学"去媚"。西方宏观经济学诞生时间非常短，甚至大部分理论都是20世纪六七十年代后诞生的，绝大部分都没有经历经济长周期的检验，很多都是错误的，我们绝不能将其奉为金科玉律；其次，还需要我们具备极强的批判精神。如果我们不批判凯恩斯，不批判萨缪尔森，不批判弗里德曼，不批判维克塞尔，不批判费雪，不批判麦金农等宏观经济学界的顶级大师，我们就不可能建立起世界上最前沿的宏观经济学思想体系，就不可能超越他们。只有批判了他们，我们才可以真正地发展出属于我们自己的，并且达到世界级水平的经济学。世界各国都在制定自己认为正确的政策，然而效果往往不佳或是恰恰相反，根源是左右认知的经济学教材错了。到了用我们的新理论修改现行经济学教材的时候了。

熊彼特曾经说过，一个人光是靠书和理论留名是远远不够的。一个人如果不能改变人们的生活，那他的人生就没有任何重大的意义。这也反映了熊彼特与凯恩斯不同的人生。而我们在本书中提出的理论绝不仅仅是实证的，更是具备规范意义的。笔者相信本书的理论也必将在未来经济政策制定中发挥其应有的作用。人类宏观经济学研究发生过多次革命：凯恩斯革命推翻了当时以瑞典学派为基础的分析框架；20世纪六十年代到八十年代，以货币学派、供给学派、理性预期学派为代表的新自由主义革命又部分推翻或边缘化了凯恩斯学派的研究成果；本书提出的"货币革命的再革命"掀起的将是一次新的宏观经济学革命。这场革命未来不仅可以重塑人们对宏观经济学的认知，也将是中国自主经济学知识体系的重要组成部分。